FENG SHUI
Y PROSPERIDAD

LILLIAN TOO

FENG SHUI

Y PROSPERIDAD

CÓMO APLICAR LA ANTIGUA SABIDURÍA CHINA
PARA LOGRAR EL BIENESTAR Y ATRAER LA BUENA FORTUNA

ONIRO

Título original: *Creating Abundance with Feng Shui*
Publicado en inglés por Rider Books, a division of The Random House Group UK Ltd

Traducción de J. A. Bravo

Diseño de cubierta: Víctor Viano

Distribución exclusiva:
Ediciones Paidós Ibérica, S.A.
Mariano Cubí 92 − 08021 Barcelona − España
Editorial Paidós, S.A.I.C.F.
Defensa 599 − 1065 Buenos Aires − Argentina
Editorial Paidós Mexicana, S.A.
Rubén Darío 118, col. Moderna − 03510 México D.F. − México

ISBN: 84-95456-00-1
Depósito legal: B-3.789-2000

Impreso en Hurope, S.L.
Lima, 3 bis − 08030 Barcelona

Impreso en España − *Printed in Spain*

A Jennifer,
ahora más que nunca.

Índice

Agradecimientos

*D*eseo manifestar mi gratitud al diseñador de la cubierta correspondiente a la edición original de mi libro; es una idea espléndida y original la de representar un dragón feliz que juega con la prosperidad. ¡Hasta lo he instalado entre los protectores de pantalla de mi ordenador para que me traiga buena suerte! Quiero agradecer también a Judith Kendra su estímulo para que desarrollase las ideas que expongo en este libro tan especial, y también a mi corrector y a mi maquetador por montar el volumen de tal manera que preserva toda su esencia.

Prólogo

Crear prosperidad consiste en bastante más que en hacer dinero. La prosperidad engloba todas las cosas maravillosas que profundizan y ensanchan nuestra existencia. Hay ocho tipos de prosperidad que confieren sentido a la vida: la de bienes materiales, la del reconocimiento ajeno, la del éxito, la de la buena salud, la de las relaciones amorosas, la de la vida familiar, la de la realización personal y el sencillo fenómeno que consiste en hallarse a gusto con uno mismo. Esta sensación es lo que yo llamo la buena fortuna, y describe el corazón generoso y benevolente que es el mejor producto de la posesión abundante. Es una situación de felicidad definitiva porque pone en marcha el aspecto espiritualmente elevado que todos llevamos latente dentro de nosotros.

Se han propuesto diferentes caminos para crear esa prosperidad. El mío consiste en desarrollar una determinación personal firme, aunque relajada, en combinación con un uso competente del Feng Shui, entendido como la ancestral práctica cultural china que enseña a vivir en armonía con el medio ambiente. Por eso prescribe métodos para crear esa armonía en nuestro hábitat, permitiéndonos actuar en sintonía con las pautas y las vibraciones de la energía que nos rodea. Como consecuencia de todo esto logramos una maravillosa combinación de la vitalidad individual con la del medio y esto, a su vez, crea un caudal sobreabundante de energía cósmica chi de buen augurio. Esta energía chi es la que, a su vez, concita la prosperidad, la abundancia, la riqueza, la salud, el aplauso y el aprecio de todos y la felicidad.

La práctica es muy sencilla, y la aplicación del Feng Shui, incluso al nivel elemental, permite ver los resultados. Esa práctica tiene muchos aspectos espléndidos, entre los cuales vale la pena citar su filosofía fundamental de la vida concebida como un proceso dinámico de cambio. Este principio deriva de la sabiduría que inspiró el *I Ching*, el Libro del Cambio.

El tema central del *I Ching* es que el universo se halla en un estado fluido, es decir que evoluciona y cambia sin cesar. La buena suerte cede el paso a la mala suerte, que a su vez se transforma en buena suerte. Nuestra situación en la vida nunca permanece estática. En el mismo instante en que lo damos todo por perdido surge algo o alguien con una solución susceptible de aliviar nuestro apuro material, nuestra enfermedad o nuestro desánimo.

Y justo cuando tendemos a la autocomplacencia y nos envanecemos de nuestros éxitos, puede ocurrir que nuestro mundo aparezca hecho añicos de la noche a la mañana. El Feng Shui hace la vida más llevadera cuando las cosas van mal, y aporta triunfos asombrosos cuando estamos de buena racha. Mejora lo positivo y atenúa lo negativo. Con el Feng Shui creamos distribuciones y orientaciones que mejoran las energías del espacio circundante, atrayendo por consiguiente una buena fortuna extraordinaria durante los buenos tiempos, o disipando la mala fortuna durante las horas bajas.

Pero por otra parte, el Feng Shui se combina con la energía espiritual y la generosidad de ánimo que son inherentes a la humanidad. El Feng Shui es la buena fortuna telúrica que aporta las oportunidades de una vida material mejor. Para optimizar esa buena suerte debe intervenir la buena fortuna humana, la que creamos para nosotros mismos para que la semilla de buena suerte pueda arraigar y producir una cosecha de prosperidad aprovechable.

Cuanto mejor acertemos a combinar esa prosperidad material aportada por la buena fortuna telúrica con la espiritualidad, la creatividad y la perseverancia, que son valores humanos, mayor será la estabilidad de la prosperidad alcanzada. Por eso decimos que la práctica del Feng Shui es polifacética y dinámica.

Se necesita una sensibilidad, no sólo para los sutiles cambios de las pautas de energía que se producen al modificar los entornos físicos, sino también para las modulaciones de las energías inherentes del yo. Cuando sepamos sintonizar las energías de un paisaje modificado con las de un yo en perpetuo cambio, habremos puesto en juego los recursos más potentes de la práctica Feng Shui en combinación con el poder de la mente relajada.

Las variaciones en las pautas energéticas del entorno y las de la psique humana afectan al Feng Shui del espacio personal. Lo uno y lo otro varían también conforme discurre el tiempo. El conocedor o conocedora del Feng Shui presta atención a la calidad y características de las energías en el espacio que le rodea. Su práctica desarrolla la sensibilidad que nos permite refinar y perfeccionar esas energías convirtiéndolas en amistosas, armoniosas y de buen augurio, de manera que la buena fortuna no tardará en realizarse.

En este libro le revelamos cómo puede usted poner a su servicio las poderosas energías que le rodean y evitar que le perjudiquen. También se enseña la manera de potenciar y acelerar los resultados positivos de una disposición Feng Shui favorable, combinando esta práctica con el uso adecuado de nuestra mente, nuestra capacidad creativa y nuestra imaginación. En este proceso usted comprobará que su vida se va rodeando de prosperidad, felicidad y sentimiento de bienestar cada vez mayores.

Lillian Too

1 La prosperidad programada

Decretarás para ti la prosperidad
y para ti será establecida…
Mente abierta y corazón benévolo,
decidirás enriquecer tu vida.
Y el Feng Shui te llenará de asombro
con resultados auténticamente maravillosos.

¿Desea usted muy intensamente tener prosperidad en la vida? ¿Cuántas veces se ha sentado a pensar en todas esas cosas buenas que le apetecen? ¿Se ha reconciliado con la idea de desear la abundancia de bienes materiales, el éxito y el reconocimiento profesional, tener más dinero, más tiempo libre, un estilo de vida más cómodo, el amor, unas relaciones auténticamente satisfactorias, popularidad, buena salud, es decir mucho éxito en todos los sentidos? De hecho, todas esas aspiraciones que según creemos van a traernos la felicidad y la plenitud.

Es aconsejable comenzar con una profunda reflexión sobre nuestras aspiraciones vitales. No basta decir que uno quiere tener éxito; hay que identificar de qué clase de éxito se trata. De manera similar, si uno quiere una relación le conviene clarificar qué clase de relación es ésa que desea. El Feng Shui ofrece la posibilidad de mejorar y actualizar nuestras aspiraciones. Tenerlas bien meditadas es un gran paso en el sentido de lograr que se realicen exactamente como pretendíamos.

Mientras no se haya reflexionado sobre la prosperidad y no hayamos asumido la idea de que la deseamos en nuestra vida, va a resultar difícil atraer las manifestaciones de la prosperidad. Para conseguir las cosas se necesita saber con claridad lo que deseamos, y una decisión serena. De lo contrario no se consiguen, no importa cuál sea el método empleado para intentarlo. Para crear con éxito la prosperidad hay que desearla con cierta pasión. Hay que imbuirse de lo que uno quiere con cierta perseverancia. Hay que poner interés y entusiasmo. Ayuda saber exactamente qué tipo de prosperidad pretende uno. Cuanto más claro tengamos el tipo de buena suerte hacia el cual tendemos, más nítidas y más eficaces serán las energías que podremos crear.

Es válido ser escépticos

Es normal ser escépticos cuando empezamos a tener noticia del Feng Shui o leemos algo sobre las sugerentes promesas de ese ancestral cuerpo de conocimientos. Se nos pide que creamos que basta vivir en armonía con el entorno y de acuerdo con las reglas del Feng Shui para que el éxito, la riqueza y el bienestar pasen a realizarse, y para llevar la prosperidad a nuestra vida. No será extraño que dudemos de eso. Admitamos que una de las posibles actitudes de nuestro fuero interno ante tan miríficas proposiciones sea la de una saludable dosis de escepticismo.

Es verdad que el Feng Shui funciona a veces como una magia, y otras veces nos parece ver en acción algún tipo de fuerza misteriosa. Nada más natural, por tanto, que desconfiar de tales promesas. Lo mismo sentí yo hace muchos años, cuando me tropecé por primera vez con el Feng Shui. Y costó bastante tiempo que me lo tomase en serio.

Pero no por eso me privé de experimentar y en vista de los resultados altamente beneficiosos para mí, me dije que no tenía nada que perder con seguir intentándolo. Puesto que no se me pedía nada más que cambiar la colocación del escritorio, o la orientación de la cama donde dormía, o mejorar mi jardín con algún tipo de instalación acuática. Eso me convenció de que la relación coste-beneficio de tan sencillas disposiciones podía ser fenomenal. Pero seguía contemplando el Feng Shui entre escéptica y divertida. Hasta que me valió nada menos que una hija.

Durante los primeros diez años de nuestro matrimonio, mi esposo y yo vimos frustrado nuestro deseo de tener hijos. Y luego vino Jennifer con la ayuda del Feng Shui. Considerando retrospectivamente la abundancia de felicidad, prosperidad y plenitud que el Feng Shui ha aportado a nuestra vida, ahora creo que la decisión de concederle una oportunidad y permitir que obrase la peculiar magia del dragón ha sido una de las más acertadas.

Desde luego no fue una decisión demasiado ardua, puesto que no implicaba riesgo alguno. ¡No tenía nada que perder! Hoy creo que fue esa actitud lo que más me facilitó el acceso a los enormes beneficios del Feng Shui. Tanto mi carrera como mi vida íntima florecieron y posteriormente, cuando activé mi buena fortuna monetaria poniendo en marcha una técnica especial, en 18 meses gané dinero suficiente como para poder retirarme definitivamente de trabajar como asalariada en una empresa.

El Feng Shui me ha beneficiado además de muchas otras maneras, demasiado numerosas para enumerarlas todas aquí de corrido. Bastará mencionar que sus ventajas se han extendido a toda mi familia. Mi esposo y yo disfrutamos de salud excelente. Hace más de 20 años que convivimos. Tenemos bellas residencias y un nivel de vida confortable. El año pasado Jennifer terminó sus estudios en Cambridge y ha empezado a trabajar por su cuenta. Todo eso no es resultado del Feng Shui nada más, naturalmente. Pero el Feng Shui ha permanecido siempre ahí como una influencia coherente y positiva.

Es necesario desear las cosas con apasionamiento. Pero que sea una pasión tranquila. Cuidado con la adhesión obsesiva a un resultado que se tiene por propicio. Cuando se ambiciona algo con mucha ansia, aparecen tensiones que generan energías negativas y éstas son un factor adverso.

Para unos resultados positivos, el Feng Shui debe practicarse correctamente. Si se interpreta de manera equivocada, no habrá resultados. Por otra parte, cuando seguimos unas recomendaciones cabe la posibilidad de un error en cualquier fase del proceso. Por ejemplo, tomar incorrectamente las orientaciones, o demarcar equivocadamente nuestro espacio personal, o elegir unas orientaciones que no nos corresponden. Los errores suceden cuando nos hallamos en estado de tensión. La práctica del Feng Shui mejora a partir de una actitud serena. Considérela con la convicción relajada de entender lo que está haciendo y absténgase de generar las energías negativas que produce una actitud demasiado tensa. Si lo hace así mejorará en grado extraordinario las posibilidades de que el Feng Shui surta efectos favorables para usted. Los resultados se presentarán mucho antes de lo que cree.

Una vez hayamos entendido este punto sutil, estaremos en condiciones de utilizar el Feng Shui y de aplicar sus diferentes técnicas a fin de llevar todas y cada una de las distintas clases de prosperidad a nuestra vida. Es cuestión de tener fe en uno mismo o una misma, y no tanto en la práctica propiamente dicha del Feng Shui. En realidad, una vez hemos decidido con claridad cómo aplicaremos el Feng Shui al mejoramiento y embellecimiento de nuestro espacio personal, importa más creer en sí mismo o sí misma y en lo que se está haciendo, que en las propias virtudes del Feng Shui.

*L*a sencillez de la práctica del Feng Shui

Es fácil sentir atracción por la sencillez de esta práctica y por la filosofía en que se fundamenta. Aunque los orígenes del Feng Shui se remontan a más de tres mil años de antigüedad, sus numerosas directrices sobre cómo ordenar el espacio que nos rodea para atraer energías armoniosas y de buen augurio se entienden con gran facilidad una vez hemos captado la base en que se inspiran.

El gran tratado clásico chino *I Ching* influyó sobremanera en la evolución del Feng Shui. De ahí los paralelismos que se observan con otras prácticas chinas también basadas en la filosofía del *I Ching*. La esencia de ésta es que la suerte de la humanidad cambia y evoluciona constantemente con arreglo a unos ritmos inmutables, de la buena a la mala fortuna y otra vez a la buena.

Es posible modificar en gran medida este ciclo de la buena y la mala fortuna si aprendemos a entender los secretos de las energías telúricas y cómo manipularlas. En eso estriba la ciencia del Feng Shui, que aplicada correctamente logra modificar los períodos de mala fortuna de manera que ésta apenas incide, y también mejorar los períodos de buena fortuna de manera que se centuplique la realización de los buenos auspicios.

Sería interesante discutir si la actual popularidad del Feng Shui es una moda pasajera, una de tantas trivializaciones del pensamiento oriental que circulan durante una o dos temporadas. Plantear así la cuestión, sin embargo, equivaldría a ignorar el sentido auténtico de la práctica del Feng Shui.

Hay hondura y anchura en esta práctica; una vez hayamos comprendido esto y captado sus inmensas posibilidades, empezaremos a sentir la fascinación del Feng Shui. Se aprende y practica con gran facilidad. Y cuando veamos que se cumple la promesa de sus grandes posibilidades, hallaremos que no es sólo una diversión, sino un misterio capaz de inspirar sentido reverencial.

¿Qué es el Feng Shui exactamente?

El Feng Shui es un método y una técnica. Es un cuerpo de conocimiento especial que puede considerarse como una ciencia, y al mismo tiempo como un arte. Es ciencia porque su práctica correcta requiere tomar medidas y orientaciones geográficas con mucha precisión. Utiliza fórmulas de gran potencia y revela mucha eficacia cuando esas medidas y orientaciones se han determinado correctamente; los beneficiarios suelen convertirse en los más ardientes partidarios de la exactitud en la aplicación.

En Hong Kong y Taiwan, por ejemplo, ningún chino se mudará de casa o de despacho sin consultar, si puede, al experto en Feng Shui. Por mi parte yo prefiero un planteamiento algo menos riguroso. Tengo la convicción de que el Feng Shui puede aprenderlo y practicarlo el propio interesado, y no recomiendo acudir al asesor especializado para lo tocante a la propia vivienda, ya que además de resultar costoso supone una intrusión y un trastorno excesivo. Es mejor preservar la intimidad del propio hogar aprendiendo Feng Shui uno mismo o una misma; así nos concedemos además el placer de ir mejorando poco a poco y por propia iniciativa el Feng Shui de nuestros lares.

Si se trata de espacios de trabajo, como unos despachos por ejemplo, sí aconsejo el recurso al maestro Feng Shui. La introducción de este asesor profesional a fin de mejorar el entorno de trabajo produce maravillas que redundan en el resultado económico de la empresa. El Feng Shui es un arte y cuando algo va mal, el acierto en el diagnóstico por lo general requiere el ojo experto de un maestro avezado. En Feng Shui lo mismo que en otras muchas profesiones, el buen juicio requiere un acervo de experiencia. Esto resulta especialmente cierto en aquellos rasgos menos científicos del Feng Shui como son los tocantes a la determinación de los tipos de paisaje, las energías circundantes y las características Feng Shui de los puntos elevados del entorno. Este aspecto de la práctica Feng Shui requiere un ojo clínico y mucha experiencia.

Como se ve, el arte del Feng Shui participa de la objetividad y de la subjetividad. Tratándose de una práctica tradicional china, sería fácil desdeñarla como una de tantas supersticiones. Por otra parte, está muy arraigada en la mentalidad china y no sería descaminado considerarla como una costumbre cultural y tradicional. Al mismo tiempo descubrimos la existencia de prácticas similares en otros países que revelan cierto parecido con el Feng Shui. Pero las diferencias son de orden fundamental y aunque las recomendaciones a veces se asemejan, en realidad se parte de unos razonamientos totalmente distintos, o mejor dicho radicalmente distintos por lo general. Como ejemplos de estas prácticas similares al Feng Shui pueden citarse el *vastu* de la India y el arte del zahorí occidental.

*M*antener una mentalidad abierta

Es la actitud aconsejable para quien desee mejorar su vida con esta práctica. A partir de ella profundizaremos en los secretos del Feng Shui. Poco o nada nos va a costar hacerlo así, ya que *per se* no se trata de ninguna disciplina espiritual ni encierra ningún misterio, ni compromiso personal con ningún tipo de fe o principios religiosos, ni hay que practicar cultos, ni sacrificios de ninguna clase, ni realizar ninguna contribución.

Lo que sí hay que admitir, si deseamos recibir los beneficios del Feng Shui, es que se trata de algo intrínsecamente ajeno a la mentalidad occidental. Aunque los fundamentos son racionales en lo que tiene de ciencia, tradicionalmente se expresan a través de una serie de simbolismos culturales. El lenguaje del Feng Shui está coloreado por las antiguas leyendas que nos hablan de criaturas celestes y plantas, frutos, flores y árboles de buen augurio y otros símbolos de la buena fortuna.

En cuanto a la justificación racional de muchas de las recomendaciones del Feng Shui, a menudo pueden parecer extrañas cuando se contemplan desde la tradición científica occidental. Por ejemplo, se alude con frecuencia a los aspectos yin y yang de una supuesta energía universal. Se presupone la aceptación, como premisa fundamental, de la idea de que el universo y todo cuanto éste contiene está constituido por los cinco elementos tierra, agua, madera, metal y fuego y que entre éstos existe una relación cíclica, destructiva y creativa. Para ser exactos, la comprensión de las interacciones de esos cinco elementos en el contexto de las dimensiones del espacio y el tiempo ocupa la mayor parte del estudio requerido por el Feng Shui. Todos estos planteamientos son absolutamente ajenos a la concepción occidental del universo. El Feng Shui aporta una perspectiva totalmente inédita sobre cómo contemplar el entorno que nos rodea.

Los antiguos textos muchas veces se expresan mediante circunloquios y un lenguaje cargado de metáforas para describir tanto los métodos como los previsibles resultados. Por este motivo pueden darse, incluso entre los maestros del arte, distintas interpretaciones de los criterios básicos.

A menudo el Feng Shui sorprende y frustra al principiante. De manera que, si desea usted aplicarlo al mejoramiento de su propia a vida, a veces se hará necesaria una cierta «suspensión de la incredulidad». Una vez se ha producido la identificación con estos conocimientos, lo cual presenta en ocasiones visos de revelación súbita, nos preguntamos cómo era posible que nos pasaran desapercibidos tantos y tan ricos aspectos como toca el Feng Shui. Muchos detalles del Feng Shui se nos antojan de simple sentido común, pero sólo luego, es decir *ex post facto*, una vez nos han sido señalados. Sucede como si hubiéramos sabido esas cosas siempre, aunque de una manera inconsciente, dormidas al límite de la conciencia.

A quien tenga muchas lecturas sobre el tema se le puede aconsejar alguna dedicación meditativa consistente, por ejemplo, en dar vueltas mentalmente y explorar los múltiples niveles de significación de las interpretaciones que hacen del medio ambiente las distintas escuelas del Feng Shui. Y lo que es más importante, en tratar de distinguir con claridad qué resultados ha aportado ese arte a nuestra vida.

Con el tiempo, y si se practica asiduamente, le garantizo sorpresas de las que quitan el aliento. Usted se preguntará cómo pudo vivir tanto tiempo en la ignorancia.

¿*C*ómo funciona el Feng Shui?

Si es la primera vez que lee algo acerca del Feng Shui, seguramente se habrá preguntado cómo funciona. En este libro, como se verá más adelante, recomiendo con insistencia colocar una tortuga al norte para atraer el éxito y una prosperidad increíble. Tal afirmación, para la persona no iniciada en la práctica del Feng Shui, le exige obviamente un salto de fe en el vacío. De manera similar, ¿qué causa o proceso podría aducir yo para explicar que teniendo en casa la figura de un sapo de tres patas se consigue aumentar los ingresos y la riqueza personal, o cómo plantando una mata de bambú en el jardín se asegura la longevidad de todos los residentes de esa casa?

He de confesar que no soy capaz de explicar cómo funciona el Feng Shui. Pero me cumple dar testimonio de cómo estos sencillos adornos simbólicos del entorno vital aportan una magnífica buena fortuna a familias antes desgraciadas e infelices, puesto que he podido comprobarlo en numerosas ocasiones. No obstante, he descubierto que muchos éxitos en la práctica del Feng Shui tienen que ver con los atributos asociados a esos símbolos de la buena suerte que se nos indica situemos en diferentes lugares de la casa. El Feng Shui actualiza los simbolismos mentales y con mucha frecuencia, cuanto más clara sea la comprensión mental de ese simbolismo, más eficaz resulta la activación de las energías. Una vez empezamos a entender este aspecto del Feng Shui podremos apreciar cómo la eficacia de sus recomendaciones guarda relación con el poder de la mente.

Es decir que si bien el Feng Shui es una ciencia de los espacios, al mismo tiempo constituye un reflejo de la mente. Se actualiza en el plano físico y material todo aquello que la mente asociaba con los símbolos cuyo uso nos aconsejaba aquélla. Por consiguiente, si mantenemos una postura mental abierta y receptiva para con los diferentes métodos de hacer fortuna y salud que preconiza el Feng Shui, nuestras propias energías personales nos ayudarán a formular la manera en que debemos configurar nuestro espacio particular. A partir de lo cual, el flujo del chi en dicho espacio aportará a nuestra vida energías de buen augurio.

*E*ntrando en el mundo del Feng Shui

En años recientes merecen mucho interés los métodos alternativos de sanación y de eliminación del estrés y de las tensiones laborales. Han nacido nuevos y maravillosos métodos inspirados en distintas culturas del mundo y se han inaugurado nuevos procedimientos para diagnosticar los bloqueos que impiden el libre flujo de las energías en el interior del organismo, o cuerpo material. La creciente aceptación de los fenómenos alternativos ha dado paso a interesantísimas innovaciones en el terreno de la sanación holística.

Los profesionales de la medicina moderna han reconocido ya las maravillosas potencialidades curativas de la medicina ayurvédica de la India y el valor de las técnicas de la acupuntura china para la lucha contra el dolor. Se van comprendiendo mejor las grandes posibilidades de la aromaterapia. Estos métodos alternativos para mejorar la salud del organismo humano han sido aceptados por la medicina oficial, porque se ha demostrado que funcionan.

El Feng Shui amplía el alcance de los fenómenos alternativos todavía más, puesto que sus interesantes perspectivas abarcan toda la gama de las aspiraciones humanas. No se trata sólo de aumentar los ingresos y alcanzar éxito en nuestras actividades profesionales o empresariales, sino que encierra la promesa de una vida dotada de prosperidad de todo tipo, desde la salud y la plenitud física hasta la realización personal, desde el aplauso y el elogio de los demás hasta el éxito en la consecución de nuestros objetivos vitales. El Feng Shui ofrece también otras buenas fortunas: salud y longevidad, amor y relaciones cordiales, vida familiar feliz y dotada de sentido.

Tiene el potencial de satisfacer nuestros deseos y aspiraciones a diversos niveles, lo cual, en combinación con el poder de la mente plenamente consciente, cancela todo límite en cuanto a la inmensa buena fortuna que puede aportar a nuestra vida.

La mejor manera de introducir el gran poder de la mente para realizar sus sueños y sus aspiraciones consiste en estudiar los distintos métodos del Feng Shui procurando comprender los simbolismos que encierran sus instrucciones. Hecho esto, utilizamos el poder mental para visualizar intensamente la acción del recurso Feng Shui instalado en algún rincón de la casa, apartamento o habitación. Esta visualización del Feng Shui es muy potente; yo la utilizo con frecuencia para potenciar mis disposiciones, en principio tendentes a organizar de la manera más armoniosa posible el espacio que me rodea. He descubierto que al enviar señales fuertes de energía positiva hacia mi espacio personal aumenta en gran medida la eficacia de los rasgos Feng Shui positivos de que me he rodeado físicamente.

Claro está que antes de utilizar nuestra capacidad de visualización para potenciar nuestro Feng Shui es menester haber entendido la práctica fundamental. Procuraremos adaptar a nuestra circunstancia particular el mayor número posible de los postulados del Feng Shui, aunque teniendo en cuenta que es casi imposible conseguir una casa o un apartamento perfectos con arreglo a dichos postulados. Siempre nos quedará algún detalle por el cual le faltará algo a la casa en cuestión para ser óptima en cuanto a sus auspicios. Es decir, que cada vivienda tiene su proporción de rincones mal orientados, vigas vistas, vecindad de elevaciones desequilibradas, habitaciones de forma desfavorable, etcétera. No es frecuente que la puerta principal se halle de cara a la dirección óptima, y no siempre se puede evitar que el último tramo de escalera apunte a la puerta de entrada, ni que el emplazamiento de los sanitarios afecte desfavorablemente a algún dormitorio. En este último aspecto, apenas existe una vivienda que no tenga un sanitario mal situado en lo que se refiere a su impacto negativo sobre tal o cual estancia.

Al entrar en el mundo del Feng Shui nos tropezamos con cientos de características anunciadoras de mala suerte... y en ocasiones, las curas o remedios de ese rasgo desfavorable pueden resultar demasiado costosos o de muy incómoda realización. A decir verdad, no hay por qué angustiarse. Aunque lea usted mis libros y observe con horror que su vivienda responde casi exactamente al prototipo de lugar de mal augurio delineado en los ejemplos, todavía no hay por qué obsesionarse. En efecto, he observado que con frecuencia los noveles se angustian y son presa del pánico, por lo que salen corriendo en busca del primer maestro Feng Shui de quien tengan referencias, y luego se llevan el disgusto de comprobar que la solución hallada era asombrosamente fácil y podían haberla sacado de cualquier buen libro sobre el tema.

Casi cualquier disposición, construcción o detalle ornamental que augure consecuencias negativas puede corregirse. Por supuesto, algunos problemas se enmendarán con más facilidad que otros, como siempre ocurre, al igual que algunas soluciones son más obvias que otras. En la práctica del Feng Shui siempre hay lugar para la solución imaginativa pero bien meditada de acuerdo con los principios fundamentales de donde derivan todas las reglas de dicho arte.

Si se considera usted afectado o afectada por un Feng Shui negativo, es aconsejable un enfoque metódico. Consiste en diagnosticar todos los detalles sospechosos y tomar nota de ellos, para proceder a remediarlos paso a paso, sistemáticamente. Algunos de estos problemas se detectan sin demasiada dificultad. Este tipo de planteamiento defensivo debe tenerse en cuenta antes de poder considerar las medidas que pudiéramos adoptar a fin de mejorar nuestro Feng Shui y lograr la prosperidad. Porque un solo rasgo negativo desde el punto de vista del Feng Shui puede anular por completo las disposiciones favorables mejor concebidas.

Cómo desarrollar la sensibilidad para el Feng Shui

Nuestra primera misión será desarrollar el ojo clínico al que nos referíamos, lo cual requiere cierta dosis de práctica. Antes de mirar hay que saber lo que se busca, y entonces podremos recorrer nuestro vecindario contemplando con atención las formas de las casas, los ángulos de los tejados, las maneras en que las casas y los edificios armonizan o contrastan los unos con los otros.

Con estos ejercicios, muy pronto la mente subconsciente ha captado y almacenado un volumen insospechadamente grande de datos.

Hay que entender también los matices del diagnóstico Feng Shui. Por ejemplo, que ningún rasgo tomado aisladamente es malo de por sí. Es decir, que no hay ninguna calle, edificio ni otra estructura que sea intrínsecamente perjudicial. Tales estructuras y rasgos adquieren mal Feng Shui por la circunstancia de estar colocados de manera que nos afectan negativamente, a nosotros o a nuestra vivienda. Por otra parte, cualquier rasgo Feng Shui de buen augurio puede originar problemas, en ocasiones, si está mal emplazado en lo que concierne a la casa.

Para la práctica autodidacta del Feng Shui hay que empezar por considerar el panorama general «a vista de helicóptero», como siempre aconsejo yo. Es decir, la más amplia perspectiva; lo cual no significa necesariamente que sea preciso alquilar un helicóptero para sobrevolar la casa o el bloque de pisos en donde vivimos. En cambio, sí es aconsejable trazar un plano de situación razonablemente exacto y detallado de nuestra vivienda, el cual podremos estudiar y meditar hasta que seamos capaces de verla en su contexto y alrededores.

Más adelante, cuando hayamos ejercitado la práctica y empecemos a aplicar las fórmulas Feng Shui avanzadas, como el Feng Shui de la estrella fugaz o el de las ocho mansiones, descubriremos que esas fórmulas no dicen absolutamente nada en cuanto al entorno físico o paisaje en donde se sitúa nuestra casa. Lo cual suele confundir al aficionado novel. Pero no significa que la práctica no deba tener en cuenta el entorno físico, o Feng Shui paisajístico. Conviene tener en cuenta que el Feng Shui mejor formulado para la casa puede quedar totalmente contrarrestado por la presencia de un rasgo más ferozmente desfavorable de dicho entorno. En la jerga de los especialistas, eso es una flecha envenenada, capaz de destruir hasta la vivienda mejor defendida.

En líneas generales siempre procede elegir los rasgos a los que prestaremos atención y qué escuela de la doctrina Feng Shui adoptaremos, ya que en años recientes la proliferación de diversas tendencias obliga a plantearse este asunto.

En presencia de varios maestros de distintas tendencias, he averiguado que la mejor manera de distinguir es tratar de comprobar los antecedentes de la persona que nos ofrece sus servicios. Haga algunas averiguaciones discretas. Entérese de si esa persona ha alcanzado gracias a su Feng Shui todos aquellos beneficios que promete crear para usted mediante la aplicación de su ciencia. Pero si nos parece que le falta esa aureola de un Feng Shui positivo, tal vez sería recomendable buscar en otro lugar. El Feng Shui siempre da resultados a quien ha acertado a interpretarlo bien, puesto que no se trata de ninguna disciplina de espiritualidad, ni que dependa de unos poderes mágicos, ni se diluye su eficacia por más grande que sea la casa a estudiar.

Localizaciones Feng Shui favorables

La escuela clásica habla del dragón verde y el tigre blanco. Son dos de los cuatro animales celestes que utiliza el simbolismo paisajístico cuando el practicante busca una parcela susceptible de augurar buena suerte. En la terminología del Feng Shui, el dragón verde se halla en las prominencias del terreno, en las configuraciones suavemente onduladas. El tigre blanco de Poniente exhala energía protectoras que potencian la presencia del dragón verde. Según los maestros del arte, allí donde reside el dragón también estará el tigre; por consiguiente, no será necesario activar el tigre dentro de la vivienda.

Se localizan los dragones y los tigres mediante un detenido estudio de las elevaciones y formaciones montañosas. Sus curvas, la vitalidad de la vegetación, la coloración de la tierra y el contorno del paisaje, todo esto orienta en cuanto al lugar de la madriguera del dragón. Las llanuras monótonas sin gradación ni pendiente alguna, o las rocas muy escarpadas, o los lugares donde la vegetación se presenta agostada y falta de vitalidad, no son refugios del dragón verde Feng Shui.

No es tan fácil localizarlo cuando duerme escondido e inmóvil entre las ondulaciones de las lomas; ni siquiera la existencia de éstas ofrece una indicación clara en cuanto a la presencia de la criatura celestial. Formas montañosas contradictorias a menudo se ofrecen contiguas, lo cual dificulta la búsqueda. No obstante, los maestros del arte proporcionan pistas indispensables, a las que prestaremos atención. Por ejemplo, se aconseja al aficionado que busque reductos escondidos allí donde observe un arbolado próspero, donde sople una brisa amable y donde se note el aire agradablemente perfumado. Se buscará también la presencia de contrastes de luz y sombra, que expresan el equilibrio del yin y el yang.

Los dragones no habitan las cimas de los montes, donde no hay protección frente a la intemperie. Esas localizaciones conviene evitarlas. Tampoco se hallan en las hondonadas o barrancos dominados por peñascos salientes y sombríos que crean vibraciones malévolas y hostiles. También tomaremos distancia de este tipo de paisaje.

Allí donde el aire se halla estancado y donde flotan relentes de humedad, o donde el suelo sea rocoso y estéril, tampoco se da el aliento vital salutífero. Una vez más, tales lugares no representan el buen Feng Shui. En ellos no puede residir el dragón.

En cambio los maestros Feng Shui aconsejan buscar aquellas tierras donde florezcan los prados o veamos una vegetación lozana, donde el suelo sea fértil y el aire aromático y agradable. Por esos detalles podemos intuir la presencia del aliento vital salutífero; en esos paisajes ondulados bien podría ocurrir que se ocultase el receloso dragón verde, enroscado en íntimo abrazo con el tigre blanco.

Por lo general las colinas del dragón estarán al este (o bien a la izquierda del emplazamiento), y las del tigre al oeste, o al lado derecho, siendo las primeras, es decir las del dragón, algo más elevadas que las del tigre. Según las descripciones que figuran en los antiguos manuales, el lugar de mayor acumulación de aliento cósmico es aquel en donde, como dicen, se produce la cópula del dragón verde con el tigre blanco. El lugar en donde se enroscan estas dos criaturas en su abrazo es el más indicado para construir nuestra casa, porque es donde exhala el dragón la mayor cantidad de su aliento cósmico, lo que los chinos llaman *sheng chi*, el aliento que trae la armonía, la prosperidad, la salud y la longevidad.

Desde el punto de vista práctico, la configuración de óptimo augurio se da cuando las dos cadenas de colinas se incurvan dando una configuración comparable al respaldo de un sillón, o una herradura. Cuando veamos una formación semejante, si además la vegetación de la zona se presenta próspera y lozana, tendremos la indicación de hallarnos sobre una pista favorable. Ésos son lugares de muy buen presagio. Y si además tiene delante un río limpio y de aguas tranquilas, todavía es más estupenda la buena suerte Feng

Shui que se augura. Edificar la casa en un lugar así equivale a la promesa de una vida rica en beneficios materiales, físicos y espirituales, buena suerte abundante y riqueza para muchas generaciones.

Estos terrenos ondulados que se asemejan al respaldo de un sillón, o en figura de herradura, suelen completarse con la presencia de un tozal negro detrás de la casa, en donde los chinos ven una tortuga, y otro cabezo más pequeño delante, que llaman el fénix carmesí y que además representa un escabel donde los habitantes descansan sus fatigados pies. Estos cuatro animales celestes, el dragón, el tigre, la tortuga y el fénix, forman en su conjunto el Zodíaco de los chinos.

En la vida real rara vez se encuentra una localización tan excelente, y aún sería preciso que pudiéramos pagar su precio si estuviese en venta. En los tiempos de antaño, cuando los mandarines ricos edificaban sus viviendas familiares sobre extensas parcelas situadas en un escenario de colinas, se atribuía vital importancia a este simbolismo del dragón verde y el tigre blanco. Pero es un principio de muy difícil observancia en el mundo moderno, cuando son más los habitantes de entornos urbanos y muy pocos los que tienen casas en las colinas.

Esta dificultad práctica fue una de las razones por las cuales los modernos maestros del Feng Shui han procurado adaptar los principios de su ciencia paisajística a las circunstancias actuales. Por ejemplo en Hong Kong los

La configuración del terreno

Los maestros del Feng Shui aconsejan que el lado este del terreno en donde tenemos nuestra casa esté siempre algo más alto que el lado oeste; también es preferible tener detrás una ligera elevación que cubra las «espaldas» a la vivienda.

Se aconseja también algo de terreno despejado y llano frente a la casa, para que el chi favorable pueda reposar y acumularse. Con estas directrices se emulan las formaciones en forma de respaldo de sillón y se facilita una vida en armonía con el medio ambiente, aprovechando los beneficios de la energía chi acumulada delante de nuestra vivienda. Si falta el respaldo natural se puede crear plantando un seto vivo. Y si nos corre cierta prisa la mejoría de fortuna que augura el chi de los ríos y otras aguas corrientes, también es posible instalar frente a la casa algún adorno artificial de ese género.

edificios asumen la representación de los dragones y los tigres, mientras que las calles cumplen la función antes atribuida a los cursos de agua. Así las interpretaciones de los antiguos maestros clásicos se adaptan a las perspectivas de la vida moderna.

La formación de buen auspicio dragón verde-tigre blanco también puede ser de creación artificial, y no por ello resultará menos eficaz en cuanto a la generación de flujos de chi favorable. Por eso es tan fascinante el dominio de este arte.

*L*as flechas envenenadas y el aliento letal

Los sabios nos ponen asimismo en guardia frente al *shar chi* o aliento letal. Es causa de mucha desgracia y mala suerte, y se interpreta como debido a la cercanía de flechas envenenadas ocultas. Reciben este nombre las energías nocivas creadas por las formas aguzadas, los filos, los cantos agudos, las puntas y demás por el estilo que señalan directamente hacia la casa, sobre todo si apuntan a la puerta principal. Son ejemplos de flechas envenenadas los caminos rectos, los ríos o las vías del tren que parezcan ir a dar en la puerta principal. También podría ser el filo de un tejado a dos aguas vecino, orientado hacia dicha puerta, o el canto de la esquina de un edificio de gran volumen. Éstas son flechas envenenadas muy potentes, y causan una mala suerte severa cuyas manifestaciones son la mala salud con afecciones frecuentes e incluso enfermedades letales.

Otras flechas susceptibles de perjudicar las viviendas son la localización de un árbol o tronco aislado, un poste del teléfono o una torre de comunicaciones enfrentados a la puerta principal. Es necesario desviar, diluir o dispersar el efecto pernicioso de todas esas flechas envenenadas. El Feng Shui recomienda varias maneras de hacerlo, todas ellas fundadas en la idea de bloquear o cambiar la dirección del shar chi para alejarlo de la casa. Se puede, por ejemplo, reformar la casa de manera que la puerta principal abra hacia otro lado, o también plantar árboles o levantar tapias que excluyan la enfilada directa de aquello que perjudica.

No hace falta saber mucho de Feng Shui para estar atentos a los peligros de las flechas envenenadas y evitar conscientemente sus efectos nocivos; lo cual bastará para evitar algunos de los peligros causados por un mal Feng Shui.

Aprender a identificar las flechas envenenadas es, en efecto, un primer paso útil para iniciarse en la práctica del Feng Shui. Hay muchas maneras de adquirir esa experiencia, pero el método más indicado es el de cultivar la facultad de observación. Tomemos nota de las cosas que nos rodean. Prestemos atención a los edificios y a las calles que todos los días recorremos para ir a trabajar. Contemplemos los ángulos y las esquinas formando canto vivo, y fijémonos si amenazan las entradas de otros edificios, tiendas o viviendas. Notemos la energía avasalladora que irradian los edificios muy altos o de mucho volumen.

Estudie el barrio donde vive y trate de sintonizar con los diferentes tipos de energía que emiten los edificios conforme los vaya viendo. No tardará mucho en darse cuenta de que algunas casas parecen más prósperas y felices que otras. Intente identificar los rasgos Feng Shui favorables y desfavorables de cada una. Si se ejercita en localizar las flechas envenenadas y adquiere verdadera habilidad en descubrir las estructuras que envían energías negativas y letales, habrá dominado una parte esencial de la práctica del arte.

Este análisis mental debe realizarse con mucha exactitud y rigor. No permita que su mente vagabundee hacia distintas direcciones, pero tampoco hay que obsesionarse con las estructuras angulosas, afiladas o triangulares, si bien es cierto que suelen ser las más perjudiciales. Adoptaremos una actitud sosegada mientras procuramos identificar todas las flechas envenenadas de las cercanías; hecho esto veremos si alguna de ellas amenaza a nuestra vivienda. En caso afirmativo, recurriremos a nuestra imaginación y nuestra inventiva para hallar la mejor manera de difuminar esa energía antes de que ella llegue a nuestra puerta principal. Siempre existe una solución para el problema de las flechas envenenadas.

Cuando hallemos que nuestra casa se enfrenta a un problema de Feng Shui especialmente difícil y deseemos encontrar una manera de resolverlo, recordemos que la cuestión estriba en quitar de la línea visual esa estructura ofensiva. De ahí que los maestros Feng Shui sean tan aficionados a los espejos. Rechazar la estructura devolviendo su imagen mediante un espejo es un expediente cómodo en muchos casos. Sin embargo, es obvio que no querremos enviar el flujo de energía perjudicial a los vecinos de enfrente y si se plantea de este modo la situación, buscaremos otra solución alternativa, que también será perfectamente aceptable. Por ejemplo, si una carretera apunta derecha hacia nuestra puerta principal, o reformamos la casa y hacemos que la puerta abra a otro lado, o dejamos de ver esa carretera plantando unos árboles o construyendo un muro.

Desarrollar una actitud reverencial hacia la tierra

El mejor planteamiento para la utilización del Feng Shui puede ser un auténtico respeto hacia las energías telúricas y hacia la misma Madre Tierra. El Feng Shui es la buena fortuna de la tierra, y cuando aplicamos ese arte conectamos en realidad con sus energías beneficiosas. El humano puede manipular dichas energías, evitar los infortunios y dirigir el flujo de aquéllas en

El agua, el fuego, el metal y la madera: cómo reaccionan con la tierra

El agua tiene el poder de inundar y cubrir la tierra, lo mismo que la tierra puede vencer al agua; en realidad, si algo puede destruir el agua es la tierra. Pero el agua también puede enriquecer la tierra, de tal manera que estos elementos juntos crean las circunstancias que hacen posible el crecimiento y la prosperidad de la vegetación, por cuyo motivo los consideramos hospitalarios para el elemento madera.

El elemento fuego es el único que puede crear y producir tierra. El fuego no tiene existencia propia ni se puede atesorar, hay que producirlo. Pero el fuego transmite calor a la tierra y durante los meses de invierno la complementa muy agradablemente.

Dentro de la tierra se halla el elemento metal, por eso decimos que aquélla lo produce. En eso consiste la abundancia oculta de la tierra: que tiene el poder de crear el oro, y éste por supuesto simboliza la riqueza y la gran prosperidad. O mejor dicho, la palabra china para «metal» es *kum*, que también significa oro. Pero el metal es frío y rígido; no hay vida en los metales. Es el único elemento que no tiene movimiento propio ni vida, a diferencia de los demás.

El único elemento que tiene vida propia es la madera, en la medida en que simboliza la vida vegetal. Depende de la tierra para el sustento y el alojamiento. Las plantas y los árboles que nacen de la tierra consumen la riqueza que ésta ofrece.

El elemento madera es el único que se beneficia de los otros cuatro, puesto que utiliza los nutrientes ofrecidos por la tierra, el agua y el metal para germinar, y luego necesita el elemento fuego para prosperar: el fuego del sol es necesario para que los vegetales crezcan, florezcan y produzcan frutos que puedan ser cosechados.

un sentido de buen augurio y promesa de prosperidad. Para que esto sea posible, hay que comprender la importancia de la armonía y el equilibrio.

La armonía de las energías telúricas está relacionada con las maneras en que interacciona la tierra respecto de los demás elementos constituyentes del universo. Uno de ellos es la tierra, como queda dicho. Los demás, el agua, el fuego, el metal y la madera, reaccionan continuamente con la tierra y los unos con los otros. En la teoría del Feng Shui todo objeto, toda circunstancia, toda dirección, las estaciones del año, etc., guardan correspondencia con uno de los cinco elementos, fuego, tierra, metal, agua y madera. Cada elemento de por sí no es ni favorable ni desfavorable. Cada uno de ellos presenta una manifestación positiva y una condición negativa, lo mismo que cada elemento tiene una manifestación yin y una apariencia yang.

Tomados uno a uno estos elementos tienen una relación especial con la tierra y con los demás. En la doctrina del Feng Shui el ciclo de los cinco elementos es un concepto central. En la teoría convencional hay un ciclo productivo y al mismo tiempo un ciclo destructivo de los cinco elementos. Estas nociones ofrecen un instrumento de análisis sencillo, de primer nivel, pero muy eficaz, para saber si las energías que pueblan un espacio están o no en armonía. Para una discusión más completa de cómo utilizar los cinco elementos para crear la armonía en el hogar véanse las páginas 49-51 y 148-153.

El ciclo productivo

En el ciclo productivo, el agua produce la madera que produce el fuego que produce la tierra que produce el metal que produce el agua. De esta manera se dice que son compatibles los elementos, y por consiguiente se hallan en armonía cuando el uno produce el otro. Según este razonamiento, si tenemos una habitación decorada en colores que sugieren el elemento madera (verde o castaño), un color complementario que potenciaría la madera podría ser el azul o el negro, ya que éstos son los colores del agua. Con este sencillo ejemplo se trata de explicar que ningún elemento trae buena o mala suerte *per se*, sino que es la interacción de los diversos elementos representados en cualquier espacio lo que crea esa buena o mala suerte.

Bajo determinadas circunstancias, se dice que es un Feng Shui excelente la presencia de los cinco elementos, porque sugiere la abundancia de la totalidad. De tal manera que en aquellas partes de la casa correspondientes a las orientaciones de la brújula que se asignan a los elementos tierra o madera, la presencia de los cinco elementos se consideraría de buen augurio.

Las partes de la casa que corresponden al elemento tierra son el ángulo sudoeste, el ángulo nordeste y el centro. Cuando los cinco elementos están presentes en estas partes de la vivienda se dice que las energías telúricas alcanzan su máxima potencia.

Las partes de la casa que corresponden al elemento madera son el este y el sudeste. El elemento madera representa el crecimiento y cuando los cinco elementos están presentes, dicho crecimiento alcanza su mayor eficiencia y rapidez. Es así como se crea la prosperidad, y por eso se considera una disposición prometedora la que incluye la presencia de los cinco elementos en el este y el sudeste.

El ciclo destructivo

En el ciclo destructivo de los elementos el fuego destruye el metal que destruye la madera que destruye la tierra que destruye el agua que destruye el fuego.

Los elementos se dicen incompatibles cuando el uno destruye el otro. De tal manera que si decoramos nuestra sala de estar en rojo y azul, estos colores chocan porque el agua destruye el fuego. El efecto resulta todavía peor cuando se sitúa mucho azul en una estancia correspondiente al rincón sur de la casa, porque este punto cardinal está vinculado al elemento fuego. La decoración del sector sur en azul se dice que ahoga la energía beneficiosa del fuego.

Otro ejemplo de este mismo orden sería la presencia del rojo en habitaciones pertenecientes al elemento metal. Son las localizadas en los rincones oeste o noroeste de la casa. El rojo simboliza el fuego, que destruye el metal. Una ornamentación en rojo situada en las regiones de la vivienda correspondientes al metal anulará toda buena fortuna en esas habitaciones.

El análisis de las relaciones elementales integra buena parte de la ciencia del Feng Shui, y es importante comprender cómo los elementos reaccionan los unos con los otros. En el Lejano Oriente, los maestros que han llegado a dominar los matices sutiles de estas relaciones son los que alcanzan una mayor reputación de excelencia. Ello sucede porque no se limitan a aplicar la teoría de los ciclos al estudio del Feng Shui de los elementos, sino que han profundizado más, lo cual es igualmente importante.

Del fuego, por ejemplo, se dice que destruye el metal. Pero también podríamos decir que sólo gracias al fuego, el metal se transforma en objetos de valor por su utilidad o su belleza decorativa. De manera similar, el agua fomenta el crecimiento de la madera, pero también es cierto que cuando hay una inundación de agua, la madera se pudre y perece.

Pero una vez más, si consideramos más profundamente la relación entre el metal y la madera (dos elementos incompatibles, puesto que se dice que el metal destruye la madera), veremos que el metal grande destruye la madera grande, mientras que el metal pequeño mejora la madera grande. ¿En qué sentido? El metal, en forma de herramientas y de piezas ornamentales, interviene en la fabricación de los muebles.

En otro ejemplo de elementos incompatibles, el del agua y el fuego, vemos que mientras el agua apaga el fuego, también puede darse una situación en que el fuego convierta el agua en vapor y, por consiguiente, en fuerza motriz. El vapor es, en efecto, una fuerza muy poderosa y podemos dominarla para obtener una gran prosperidad.

Con esto se trata de dar a entender que la aplicación del análisis elemental en el trabajo práctico del Feng Shui requiere profundizar más de lo que parece a primera vista. Para el aficionado, sin embargo, la comprensión de los ciclos elementales y el estudio de las asociaciones y representaciones de los elementos, sin ir más lejos, proporciona materia más que abundante para la reflexión.

*C*ómo entender el chi, el aliento cósmico

En el sistema del Feng Shui es otra noción central la del aliento cósmico del dragón celestial. Cuando las energías de un espacio, cualquiera que sea, están en armonía, se dice que el aliento cósmico de dicho espacio es de buen augurio. Este aliento es la energía chi del medio ambiente; en principio puede ser beneficiosa o perjudicial; en el primer caso se llama *sheng chi*, en el segundo *shar chi*.

El chi podríamos describirlo propiamente como la fuerza o energía vital que informa todos los aspectos de la existencia humana. Cuando el monje medita y respira correctamente se crea chi. O cuando el experto en kung fu asesta un golpe bien dirigido. O cuando el maestro calígrafo traza una pincelada singularmente artística. En la naturaleza también se crea chi cuando el río fluye tranquilamente en armoniosos meandros, o por la bella conformación de una montaña, o por la simetría de un paisaje.

Por tanto, se solía describir los lugares que disfrutaban de un buen Feng Shui como dotados de una gran abundancia del aliento cósmico beneficioso, el llamado sheng chi. A su vez, esa presencia invisible del aliento cósmico llevaría la prosperidad material a quienes habitaban en proximidad de dicho aliento. En los tiempos antiguos, cuando el lenguaje del Feng Shui se expresaba por medio de un rico y metafórico simbolismo, se hacía mención de los animales cósmicos, en especial del dragón verde del este y el tigre blanco del oeste, para describir esos lugares de buen Feng Shui; con estas imágenes de dragones y de tigres se aludía a las ondulaciones del terreno, a la presencia de vegetación y de cursos de agua, todo lo cual suministraba pistas en cuanto a la cantidad de chi beneficioso acumulado en tales lugares.

El chi cósmico del dragón verde es su aliento, y donde se consiga crear y acumular ese valioso aliento se podrá captar gran fortuna. Este chi cósmico es la fuente de la paz y la abundancia, la riqueza, los honores y la buena fortuna. En las regiones donde existe y se acumula este chi, los ocupantes de viviendas y locales recibirán los beneficios durante varias generaciones; los negocios establecidos en estos lugares de buen chi prosperarán y se desarrollarán.

No hay que permitir nunca que el chi se disperse o sea expulsado, ya que si tal ocurriese no habría buena suerte posible. En los lugares, por ejemplo, donde soplan vientos fuertes, éstos se llevan el chi y lo diluyen; de ahí el antiguo dicho de que «el chi cabalga el viento y se dispersa». Por tanto, las comarcas con un régimen de vientos intensos no son favorables. En cambio, las que están delimitadas por los cursos de agua suelen retener y acumular el chi, y generalmente se considera que presentan buenos auspicios.

Naturalmente, la calidad del agua también afecta a la del chi que se crea. Los tramos rectilíneos en ríos de corriente rápida se llevan el chi tan pronto como éste se genera; en cuanto a los ríos contaminados, es obvio que no se puede esperar que originen un aliento beneficioso. Pero por otra parte, no hay que permitir el estancamiento o corrupción del chi, ya que eso también disiparía cualquier buena fortuna eventual.

La presencia de chi es un factor del buen Feng Shui, por tanto; otro factor es la continuidad de las fuentes que lo generan; por último, no debe estancarse, corromperse ni tampoco aventarse con demasiada prontitud. La situación ideal es aquella en que nuestra casa esté inmediata o próxima a una buena fuente de chi que asegure un caudal constante. Cuando el paisaje natural no ofrece tales condiciones, se puede construir una simulación artificial del tipo de ambiente que genera fuertes corrientes de chi. Los estanques y las colinas artificiales suplen con buenos resultados la ausencia de estos elementos, y si se disponen con acierto según las reglas del arte también servirán para traer la buena suerte.

La esencia del buen Feng Shui consiste en atrapar el aliento cósmico que pase por el lugar y crear un ambiente que lo incite a permanecer, pero sin llegar al estancamiento. Allí donde el aliento del dragón encuentre un recipiente adecuado o una reposición continua, decididamente habrá riqueza, prosperidad y abundancia. El Feng Shui ofrece las reglas y los métodos que nos permiten controlar el aliento del dragón. Según la doctrina admitida, eso no será posible donde existan cantos rectos y verticales. Los cursos de agua y los caminos deben ser ondulantes, nunca rectilíneos, y el lugar debe hallarse al abrigo de los vientos fuertes.

2 Creando la prosperidad con el Feng Shui

El éxito con el Feng Shui requiere
un planteamiento multidimensional.
Son muchas las variaciones
en las energías del lugar, en las orientaciones
de los ríos, los montes y los valles:
Procura permanecer en sintonía con el medio
y deja que los vientos y las aguas sean tus guías...

*P*ara el éxito en su aplicación evitaremos limitarnos a un planteamiento unidimensional. El Feng Shui es una colección de técnicas ricas y profundas que ofrece al usuario una gran variedad de opciones. Estamos tratando de una ciencia tres veces milenaria; en su recorrido a través de las dinastías de la China imperial y hasta la época de las metrópolis modernas, los maestros del arte han perfeccionado, ampliado y adaptado los preceptos del Feng Shui, siempre de conformidad con las cambiantes exigencias de cada época.

En este último siglo muchas de las fórmulas secretas del Feng Shui abandonaron la China continental y viajaron con los emigrantes para recalar en lugares como Hong Kong y Taiwan. En estos países extranjeros, los maestros del Feng Shui desarrollaron reglas nuevas adaptadas a los entornos urbanos, y experimentaron con diversas interpretaciones de aquellas antiguas fórmulas. Así, descubrieron que se puede llegar a un mismo resultado por diferentes caminos; teniendo en cuenta la infinita diversidad de las situaciones espaciales, además, lo que daba buen resultado en tal territorio se evidenciaba en algunos casos inferior, y en otros superior, al intentar la aplicación en un lugar distinto.

De esta manera, el Feng Shui que practican los chinos de Taiwan difiere en alguna medida del que propugnan los de Hong Kong. Esas diferencias reflejan variantes dialectales que dan lugar a distintas interpretaciones de los textos antiguos, por ejemplo. Y también son debidas a la particular especialización de los maestros que emigraron a lugares diferentes y llevaron a cada uno de ellos sus propias fórmulas.

Sobre esto hay que contar además con las obvias variaciones de forma, planta y orientación de las casas en todas partes. Una persona corriente nunca llegará a implantar todas las recomendaciones de Feng Shui que pueda leer en un libro, ni tampoco sería posible reducirse a un solo método. En las casas modernas no siempre se consigue solucionar por completo los problemas de Feng Shui, debido a las particularidades de la construcción industrial. En efecto las viviendas urbanas modernas no guardan ningún parecido con las casas de los viejos tiempos, para las que se formularon en principio las reglas del arte.

Los maestros practicantes de China que fueron a Taiwan y Hong Kong han ideado interpretaciones puestas al día para las viejas fórmulas. Según de quién aprenda uno, acabará utilizando algunas recomendaciones más que otras. Conviene poner énfasis en esto de las diferentes soluciones para los problemas de Feng Shui; el estudioso debe tender a un conocimiento práctico de varios métodos alternativos. De esta manera contará con una gama de posibilidades más amplia en la búsqueda de medios para potenciar el entorno a fin de crear riqueza y prosperidad.

La elección de un maestro de Feng Shui es una decisión que merece ser bien meditada. Un criterio excelente suele ser el de juzgar considerando las circunstancias de la persona que ofrece su versión del Feng Shui. A mí nunca me han inspirado mucha confianza los maestros que eligen vivir en situaciones de pobreza material y espiritual: ¿cómo van a poder ayudar a los demás, si ni siquiera son capaces de ayudarse a sí mismos?

Por eso, cuando me puse a investigar las técnicas del Feng Shui siempre busqué maestros en ejercicio y que hubiesen prosperado visiblemente gracias a la práctica de su arte. Y siempre insistí mucho en conocer las justificaciones de los consejos que ellos me daban; si era cuestión de cambiar algo del entorno de que yo me he rodeado, hacía falta que las razones pareciesen convincentes a mi sentido común. Por mi parte, aconsejo a mis lectores la misma política; sólo la persona convencida podrá abordar las disposiciones de Feng Shui desde su propia convicción, es decir partiendo de una expectativa positiva en cuanto a los resultados.

La práctica del Feng Shui requiere ingenio y libertad de pensamiento. Una vez entendida racionalmente la justificación de las normas del Feng Shui, usted podrá imaginar diversas situaciones alternativas hasta dar con la que mejor se adapte a sus condiciones particulares. Esto fue lo que más me persuadió de embarcarme en la tarea de estudiar el Feng Shui por mi cuenta. Entiendo que mi felicidad y mi éxito me importan más a mí que a ningún maestro. Y a la hora de poner en práctica las recomendaciones, yo iba a ser tanto más cuidadosa y circunspecta. Supongo que el lector o lectora participará de este punto de vista.

Así acabé por descubrir el Feng Shui por fórmulas y ello aumentó considerablemente las opciones a mi alcance. El conocimiento de las fórmulas y de las diversas técnicas de su aplicación hace posible una aproximación más amplia y completa a los problemas. Después de esto puede combinarse el Feng Shui por fórmulas con la práctica del Feng Shui paisajístico, o escuela de la forma.

*E*l Feng Shui por fórmulas

El Feng Shui por fórmulas agrega una dimensión vital al concepto del aliento o energía beneficiosa. Por ejemplo, la escuela de las ocho mansiones (que utiliza la fórmula Pa Kua Lo Shu basada en las fechas individuales de nacimiento) ofrece métodos adicionales a aquellas personas que, después de haber localizado un emplazamiento de Feng Shui favorable, quieren orientar con toda precisión las estancias y la distribución de la casa. Al aplicar las fórmulas de la brújula, es decir las direcciones reveladas como de buen augurio según el método, podremos armonizar el chi personalizado de nuestra presencia complementando el chi beneficioso del entorno. Con ello pasamos la práctica del Feng Shui a otro nivel de profundización; ahora se trata de estudiar y alinear el aliento cósmico para poner en sincronía las energías personales con las del medio ambiente.

La escuela de las ocho mansiones presenta una fórmula de Feng Shui especialmente potente, al suministrar instrucciones precisas sobre cómo llevar a cabo las orientaciones; así se facilita la práctica, porque las apreciaciones subjetivas no tienen intervención en el proceso.

El Feng Shui de las ocho mansiones nos proporciona la manera más prometedora de orientar la puerta principal, siempre en relación con una persona determinada. Tenemos además normas detalladas sobre la orientación de las camas y de los asientos. La consecuencia de todo ello es que se capta el aliento cósmico del espacio de tal manera que resulte la alineación más beneficiosa para esa persona.

Otra fórmula que puede aplicarse a la práctica del Feng Shui es la de las estrellas volantes. Se trata de un instrumento excelente en lo tocante a revelar la importancia de la dimensión temporal del aliento cósmico en cual-

Las fuerzas del viento y del agua

La existencia de escuelas diferentes del Feng Shui puede dar lugar a cierta confusión, especialmente cuando se complica con interpretaciones divergentes a cargo de personas con escasa experiencia en la práctica. No es infrecuente tropezarse con recomendaciones contradictorias, en especial cuando los planteamientos aplicados son excesivamente simplistas. Por mi parte he descubierto, no obstante, que una sólida atención a los principios básicos nos permite incorporar con facilidad las diversas escuelas auténticas a nuestra manera de aplicar el Feng Shui a la configuración de nuestro entorno personal.

Se recordará que el Feng Shui se atribuye a las fuerzas intrínsecas de los vientos y las aguas del entorno físico. Las cualidades y las características de esas dos fuerzas dependen de la interacción de los cinco elementos; su flujo se valorará con arreglo a las orientaciones de la brújula y por la calidad de las energías intrínsecas del viento y el agua.

Estas fuerzas, viento y agua, participan de los aspectos yin y yang. En consecuencia, todo lo que resulta de ellas tiene también los aspectos yin y yang; de la relación entre éstos depende que las energías presentes en un espacio determinado sean beneficiosas o no.

El símbolo yin yang

Yang es blanco y brillante, diurno, caliente y activo como el calor del sol, el verano y la vida misma. El punto oscuro de la energía yin confiere su existencia al yang.

Yin es negro, oscuro, nocturno, invernal, frío, muerte y silencio. Los aspectos yin siempre estarán presentes, pero jamás deben dominar en las moradas de los vivos. Un exceso de energía yin causará un Feng Shui negativo.

Por consiguiente, cuando utilicemos los principios Feng Shui y sus fórmulas recordaremos que hay que aplicar siempre el criterio de los cinco elementos y el de la cosmología yin yang. El análisis de los cinco elementos nos garantizará el equilibrio de las fuerzas que expresan la organización del universo. En conjunto aseguran la doble exigencia de armonía y equilibrio que debe presidir los espacios habitados.

Rincones afligidos por cinco estrellas viajeras amarillas

Año*	Sector afligido
1999	sur
2000	norte
2001	sudoeste
2002	este
2003	sudeste
2004	centro
2005	noroeste
2006	oeste
2007	nordeste
2008	sur

* Para la lectura de los años obsérvese el calendario lunar de las páginas 62-64.

quier lugar. Mediante dicha fórmula el especialista establece la carta natal de una casa fundándose en la fecha de su construcción (o reforma, si ésta ha sido de gran alcance). Con estas cartas natales incorporamos el factor tiempo al análisis estático de la espacialidad Feng Shui que rodea a una casa. Todo ello redunda en una aplicación más completa de los instrumentos que el arte pone a nuestra disposición.

Aunque no dispongamos de este sistema, sin embargo, ello no anula los preceptos basados en otros métodos y fórmulas del Feng Shui. Conviene tomar siempre en cuenta la dimensión temporal porque explica ciertas situaciones de mala suerte que afligen a viviendas dotadas, en principio, de un buen Feng Shui. Como sucede a veces durante ciertas temporadas, que pueden ser de una semana, un mes o un año según cuáles sean las estrellas mal aspectadas.

Pese a estas observaciones preliminares relativas al Feng Shui de fórmulas, se observará que las casas construidas y distribuidas conforme a las normas del Feng Shui espacial siempre gozarán del aliento cósmico beneficioso. En estos casos, la mala suerte o el infortunio que acarrean las estrellas viajeras siempre será un fenómeno transitorio. Bastará, por tanto, con la observación de los rumbos de la brújula que significan extremo infortunio en cada año, con objeto de establecer las salvaguardias que van a regir para ese año. Durante el año lunar de 1998, por ejemplo, una estrella viajera nociva perjudicó el aliento cósmico de los ángulos nordeste de todas las casas. Para contrarrestarlo, recomendé que se colocase en dicho lugar un carillón de cinco notas (cinco varillas) durante todo el año. Téngase en cuenta que los puntos afectados varían de año en año; ello depende concretamente de la trayectoria de las estrellas alrededor del cuadrado Lo Shu. Durante el año 1999 el rincón mal aspectado fue el sur, siendo aconsejable situar un jarrón lleno de agua en la parte sur de nuestras viviendas, agua que debe renovarse a menudo. Para más información sobre las estrellas viajeras en relación con la salud, concretamente, véanse las páginas 110-111.

*C*ómo definir los parámetros de nuestro espacio

Antes de aplicar los métodos para la creación de la prosperidad que se explican en este libro, será preciso definir los parámetros de nuestro espacio. En esto consiste la parte preparatoria de las aplicaciones concretas del Feng Shui y es muy importante que se haga con rigor y exactitud, puesto que todos los análisis ulteriores van a basarse en las orientaciones que hayamos tomado y las demarcaciones de nuestro espacio que hayamos establecido al principio. Es la parte técnica de la aplicación y para realizarla necesitaremos dos instrumentos: la brújula y el cuadrado Lo Shu.

La brújula

Adquiriremos una buena brújula de las de tipo occidental, preferiblemente con esfera dividida en grados. En esto no hay que escatimar gastos porque se trata de una inversión. Como veremos luego, la buena práctica del Feng Shui exige que se tomen los rumbos con la mayor exactitud posible. Es cierto que muchos maestros Feng Shui utilizan la Luo Pan china para tomar sus lecturas, pero no es aconsejable para el estudioso aficionado; por mi parte realizo todos mis trabajos de Feng Shui con la brújula occidental, en primer lugar porque la lectura me resulta más cómoda, y segundo, porque están mucho mejor construidas, en mi opinión, y son más exactas. Si vivimos en una región del mundo sometida a fuerte actividad sísmica, tal vez necesitaremos una brújula de construcción sólida (de agrimensor).

No es fácil tomar una orientación con la brújula. Recomiendo realizar tres lecturas y sacar el promedio; éste será el valor que utilizaremos para nuestras demarcaciones Feng Shui. Ahora bien, si las lecturas de un rumbo determinado difieren en más de 15 grados esto puede significar que las energías de la estancia se hallan desequilibradas. Este error puede corregirse atendiendo a la colocación de los aparatos electrónicos que tengamos en casa, como el televisor y el equipo de música.

Si después de cambiar la distribución de estos aparatos seguimos obteniendo divergencias superiores a los 15 grados en varias lecturas sucesivas del mismo rumbo, es posible que la estancia se halle afectada por una línea de actividad geomagnética. Nos desplazaremos como un metro a la derecha o a la izquierda y volveremos a intentarlo. Las tres lecturas se tomarán como sigue:

- al entrar, justo detrás de la puerta principal
- dentro de la casa, a un metro de la puerta principal
- dentro de la casa, a 4,5 m de la puerta principal

Todas estas lecturas se tomarán en el interior y mirando hacia la puerta, a la calle como si dijéramos. Todas las referencias a rumbos u orientaciones que se dan en este libro se suponen tomadas de la misma manera. Una vez sepamos a qué rumbo mira exactamente nuestra puerta, podremos aplicar todas las fórmulas del Feng Shui de la brújula. Por otra parte, una vez determinado ese rumbo principal podremos identificar las ocho orientaciones de nuestra casa según la brújula.

En líneas generales, la orientación adonde mira la puerta principal se considera como la de la fachada. En condiciones ideales, la fachada debe mirar a la calle principal más próxima del vecindario. Generalmente, cuando una vivienda o un local de negocios miran a la calle principal se dice que su Feng Shui anuncia buena suerte, debido a las grandes cantidades de energía yang que genera la actividad de una vía principal de comunicación. Por supuesto, hay que contar con un inconveniente y es el del ruido que acarrea la excesiva proximidad a una arteria principal.

Cómo superponer el cuadrado Lo Shu

Una vez determinada la dirección adonde mira la puerta es cuestión de determinar cómo está orientada ésta con relación a la casa. Para ello dividiremos teóricamente la planta con arreglo a una rejilla de nueve cuadrados (o rectángulos) iguales, superponiéndole un cuadrado Lo Shu.

Esta operación sería de lo más sencillo si todas las casas fuesen de planta perfectamente cuadrada. Lo cual evidentemente no sucede. La mayoría tienen plantas irregulares y esquinas faltantes; pocas veces daremos con un cuadrado o un rectángulo perfecto.

El cuadrado o cuadrícula Lo Shu

Muchos chinos de formación taoísta depositan una gran fe en este cuadrado mágico. En el Feng Shui de la brújula se deducen fórmulas de la secuencia numérica. El uso del cuadrado Lo Shu está muy difundido entre los practicantes avanzados. Para el aficionado bastará con recordar la secuencia de los números de la cuadrícula y los rumbos de la brújula a que corresponden.

4	9	2
3	5	7
8	1	6

El cuadrado o cuadrícula Lo Shu

Otra dificultad estriba en saber si ha de incluirse el garaje y el mirador u otras estructuras del jardín. Como regla aproximada, si estas piezas no están comunicadas con la casa no se considera que formen parte de ella. Pero si existe, por ejemplo, una galería cubierta que conduzca a ellas, entonces habrá que superponer una rejilla ampliada de manera que las incluya.

Al superponer una rejilla Lo Shu sobre un dibujo de planta, imaginaremos que estamos contemplando la casa desde un helicóptero que la sobrevuela. Todo aquello que tenga una cubierta se considera como parte de la casa y debe incluirse en la cuadrícula. Por lo general faltarán esquinas, debido a la forma irregular de las plantas, y el análisis de esas configuraciones faltantes nos ayudará a precisar la calidad del Feng Shui de la casa.

Al realizar esta parte del trabajo preparatorio también es útil observar la disposición interior de la casa. Vea si tiene muchos rincones y, en especial, dónde están situados los rincones salientes. Examine qué estancias de la vivienda se utilizan más y dónde se reúne habitualmente la familia, como suelen ser la cocina, el comedor o la sala de estar donde se encuentre el televisor. En estas habitaciones hay que tratar de concentrar los buenos auspicios de la casa; en los capítulos 3 y 8 de este libro se desarrolla el tema por extenso.

Cómo superponer el Pa Kua para el análisis

Ahora tenemos un punto de partida para crear la prosperidad con el Feng Shui. Realizaremos varias copias del plano o dibujo de planta de la casa consignando los puntos cardinales y añadiendo la rejilla. Dichos dibujos los tendremos a mano mientras estudiamos este libro, y pueden servirnos para anotar las recomendaciones aplicables a nuestra casa, o bien a las estancias de la misma cuyas energías tenemos intención de potenciar.

Una manera fácil de identificar los rincones donde puede potenciarse la buena fortuna consiste en superponer un Pa Kua sobre el dibujo. Se trata de

El Pa Kua

Los símbolos (trigramas) y los números que presenta este Pa Kua corresponden a la disposición del Cielo Posterior, que es la piedra fundamental de la práctica del Feng Shui para viviendas y para locales dedicados a una actividad económica. Pueden utilizarse estas representaciones para el análisis de las disposiciones a tomar con objeto de potenciar la energía de cada rumbo.

Cómo superponer el Pa Kua

Colocar el Pa Kua sobre un dibujo de planta de nuestra vivienda, bien sea abarcando la totalidad de ella, o para estudiar las habitaciones una a una, por separado. De esta manera potenciaremos las estancias tomando la casa en conjunto, o prestando atención a los rincones de cada habitación. La numerología implícita también la incorporaremos a nuestra práctica del Feng Shui. Por ejemplo, «una tortuga al norte, nueve lámparas al sur».

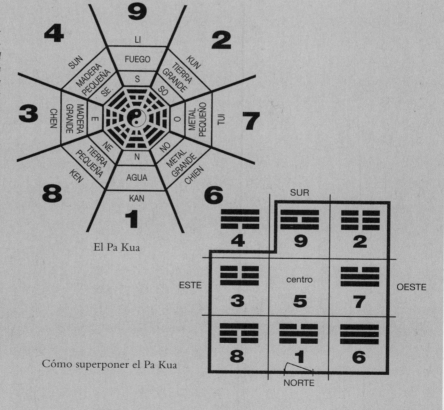

El Pa Kua

Cómo superponer el Pa Kua

un símbolo octogonal del Feng Shui, cada uno de cuyos lados ostenta un trigrama. Hay dos versiones del Pa Kua, que se distinguen por la distinta disposición de los trigramas: el Pa Kua yin y el Pa Kua yang.

El Pa Kua yin

Aquí los trigramas están dispuestos en lo que los chinos llaman la pauta cíclica. En esta disposición los trigramas forman pares de opuestos que dan la figura comúnmente denominada disposición del Cielo Anterior. El trigrama más importante, *chien*, que significa el cielo y el patriarca, se coloca al sur y tiene como oponente el trigrama *kun*, al norte, que representa la matriarca. Entre los dos definen el epítome del yang y el yin. No puede existir nada más yang que *chien* ni nada más yin que *kun*.

A esta disposición de los trigramas en el Pa Kua yin se le atribuye el poder celestial intrínseco, capaz de desviar y anular el shar chi o aliento letal. Motivo por el cual se utilizan los Pa Kua de esta disposición situándolos de manera que rechacen las flechas envenenadas de las avenidas rectilíneas, los empalmes de calles en T y otras estructuras nocivas.

El Pa Kua yin

El Pa Kua yin

Esta forma de Pa Kua suele colgarse sobre la puerta principal para proteger frente a la energía letal que pueda estar incidiendo en la puerta. Acostumbra dibujarse con un fondo rojo para crear fuerte energía yang, y tiene un espejo en el centro. Si éste es cóncavo, refleja la flecha envenenada que está siendo rechazada, y por tanto se trata de una herramienta más hostil que si el espejo es convexo, en cuyo caso éste absorbe la energía letal y por eso es menos hostil. Si el espejo es plano, no resulta ni hostil ni amistoso.

Hay que tener en cuenta, sin embargo, que el Pa Kua yin *nunca debe estar expuesto o colgado en ningún lugar interior de la casa*, ni sirve para contrarrestar las flechas envenenadas que pudieran hallarse presentes en dicho interior. Es cierto que destruye el shar chi de la flecha envenenada, pero también puede herir a cualquier habitante que pase por inadvertencia frente al Pa Kua. Subrayo esto, porque muchos de quienes se las dan de maestros Feng Shui recomiendan colgar espejos Pa Kua por todas partes, incluso en las habitaciones. Ruego a mis lectores y lectoras que no lo hagan. Es muy peligroso.

El Pa Kua yang

Es el que utilizaremos para el análisis Feng Shui, ya que el Pa Kua yin es más adecuado para las residencias yin, que son las moradas de los muertos. Es decir, las tumbas de nuestros antepasados. Cuando se practica un Feng Shui al objeto de determinar la mejor localización para una necrópolis, se consulta el Pa Kua yin. En cambio las residencias yang son las moradas de los vivos, así que el indicador que se empleará en su estudio será el Pa Kua yang. El practicante del Feng Shui, basándose en la distribución de los trigramas alrededor del Pa Kua yang, utiliza los símbolos, los elementos y otras representaciones vincula-

El Pa Kua yang

Esta forma del Pa Kua se utiliza para el análisis de las condiciones Feng Shui de las viviendas (que es un caso distinto de las necrópolis y sepulturas). Difiere en la distribución de los trigramas. En éste hallamos li al sur, que simboliza el fuego, y kan al norte, que se vincula con el agua.

El Pa Kua yang

das a esos trigramas a fin de asignar determinados sentidos a cada uno de los ocho rumbos. Son estas representaciones e interpretaciones las que se colocan alrededor de la brújula geomántica o Luo Pan de los maestros de Feng Shui.

En el Pa Kua yang, la disposición de los trigramas se describe como la del Cielo Posterior. Aquí los trigramas reflejan la premisa de que la relación entre los opuestos, la de la disposición del Cielo Anterior, ha sufrido determinados cambios. Ahora el trigrama correspondiente al sur ya no es *chien* sino el signo *li*, y el trigrama del norte ya no es *kun* sino *kan*. Los trigramas yang y yin puros se sitúan ahora en los rumbos noroeste y sudoeste respectivamente.

En la figura del Pa Kua yang de la página 47 observamos varios niveles de interpretación útiles al practicante aficionado. Por ejemplo, si nos fijamos en el rumbo sur veremos que le corresponde el trigrama *li*. El elemento de este trigrama es el fuego. Por tanto, el elemento asociado al sur será el fuego y si queremos que el rincón sur de nuestra habitación sea de buen auspicio, un posible sistema para conseguirlo sería colocar una lámpara roja y brillante en ese rincón, que potenciará el elemento fuego de dicha ubicación. Dicho sea de paso, y dedicado a los habitantes del hemisferio sur: lo dicho anteriormente permite ver que la asociación del sur con el elemento fuego no tiene nada que ver con el régimen de los vientos meridionales ni con la situación del ecuador, como han especulado algunos tratadistas de Feng Shui. Es la colocación del trigrama *li* en el sur lo que crea el vínculo entre el elemento fuego y el rumbo en cuestión.

De manera similar, el norte se asocia al frío y con el elemento agua, porque el trigrama puesto al norte de la disposición es *kan*, cuyo elemento es el agua. De donde resulta que para potenciar el rincón norte de cualquier casa o habitación hay que acudir a una solución que utilice el agua: un jarrón, una fuentecilla o cualquier otra ornamentación por el estilo que la contenga.

*C*ómo interpretar los símbolos del Pa Kua

El Pa Kua vehicula una serie de significados simbólicos asignados a cada uno de los ocho rumbos. Un análisis hábil de estos significados es el primer paso en la vía que nos permitirá potenciar nuestro espacio vital para crear buenas vibraciones. Aunque no hiciésemos otra cosa sino utilizar los símbolos del Pa

Kua y potenciar los ocho rumbos de nuestra casa de acuerdo con las indicaciones suministradas, sería suficiente para crear un hogar perfectamente armonizado, y esto produce una sensación sedante y de bienestar. Usted disfrutará de muchas y muy variadas oportunidades para mejorar su vida y disfrutará de buena salud y relaciones felices. También gozará de mayor fortuna material y sus ingresos aumentarán.

Por sí mismo el Pa Kua constituye un símbolo poderoso, pero además, y como queda dicho, se tejen otros símbolos alrededor de sus ocho lados (que significan los cuatro puntos cardinales y los cuatro rumbos intermedios), los cuales pueden incorporarse a la planificación Feng Shui de cualquier vivienda. La idea estriba en estudiar sistemáticamente todas las estancias. Utilicemos estos símbolos para potenciar las energías y el aliento cósmico rincón a rincón.

El sur (el trigrama li)

El elemento del sur es el fuego y así éste es el lugar del calor y de la animación. El sur es el rumbo de muy buen augurio durante la estación veraniega. En él predomina totalmente el yang y los colores que se vinculan con el sur suelen ser el rojo o un amarillo muy brillante. Con este rumbo guarda correspondencia todo aquello que se relaciona de alguna manera con el fuego, incluso los relámpagos del cielo. Es el lugar de la hija segunda, y si se sitúa en él su habitación le traerá buena fortuna a la ocupante. En general el sur beneficia más a las mujeres que a los hombres y conviene más a las hijas que a los hijos. El animal celeste del sur es el fénix carmesí, que aporta maravillosas oportunidades de promoción y ascenso en la consideración social. Basta exponer el fénix amarillo en el sur para que acuda una inmensa buena fortuna.

El norte (el trigrama kan)

El elemento del norte es el agua. Tenemos ahí el lugar del frío, de la inmovilidad. Su estación es el invierno. El color dominante del norte es el negro, que es el yin puro. Son de muy buen auspicio para el norte los azules y púrpuras muy saturados. Se asocia a este rumbo todo aquello que guarda relación con el frío y con el agua, incluyendo los lagos, ríos y demás cursos de agua. También se le asocia el hijo segundo. El norte de la casa es mejor para los hijos que para las hijas. El símbolo del animal celeste es la tortuga, y el simple hecho de colocar una tortuga en la parte norte traerá buena fortuna a toda la familia.

El este (el trigrama chen)

Aquí el elemento es la madera y es el lugar óptimo de la casa para el hijo primogénito. En realidad todos los hijos varones de la familia prosperarán si los ubicamos en el este. Pero si la familia no tiene más que un vástago y es una hija, también le asignaremos sus aposentos en la parte este de la casa, porque su elemento es la madera y el este significa crecimiento. Es también la morada del prometedor dragón verde. Para potenciar este sector de la casa colocaremos abundancia de plantas verdes y lozanas.

El oeste (el trigrama tui)

Es el lugar de la alegría. Es donde se encuentra el oro, ya que el elemento del oeste es el metal. El color dominante es el blanco. Es el lugar más adecuado para las muchachas de la familia. Si alojamos en él a la hija benjamina, recogerá energías beneficiosas. El oeste es también la morada del tigre blanco según la tradición Feng Shui.

Sin embargo, no se aconseja colocar un tigre ahí, puesto que no deseamos potenciar la energía de éste. Tener en la casa el símbolo del tigre no es necesariamente de buen augurio, ya que sólo las personas nacidas en años del tigre o del dragón pueden soportar las poderosas energías de esa fiera.

El sudeste (el trigrama sun)

El elemento de este rumbo es la madera pequeña. Este rincón simboliza el viento del Feng Shui, por cuanto trae la prosperidad desde esa orientación. Para potenciar esa parte de la casa lo mejor es recurrir a las plantas y las flores. También es excelente la instalación de lámparas, ya que la luz simboliza una buena cosecha. El sudeste es el lugar de la hija mayor.

El sudoeste (el trigrama kun*)*

Es el lugar de la matriarca y su elemento es la tierra grande. El sudoeste es por tanto el lugar de la gran madre telúrica. Y ésa es una parte muy importante de la casa; el lugar que atribuye a la matriarca el Feng Shui la connota como el punto focal de todas las relaciones humanas y de la felicidad. Cuando el sudoeste de una casa está mal aspectado, sea que falte este rincón, o que lo ocupe un sanitario, o que se utilice como cuarto de los trastos, todos los residentes de aquélla quedarán perjudicados. Los matrimonios serán desgraciados. Los hermanos no se llevarán bien y las relaciones amorosas resultarán afectadas en un sentido negativo. Esto es así porque se considera a la madre como el centro de la unidad familiar. Cuidemos siempre el sudoeste de nuestra casa si deseamos relaciones felices en el seno de la familia y suerte en el amor.

El nordeste (el trigrama ken*)*

Es el lugar del silencio, la montaña. Su elemento es la tierra. Ésta es la ubicación más idónea para el benjamín de la familia. El nordeste es el mejor lugar para colocar un jarrón de la buena fortuna porque éste sugiere el simbolismo del oro oculto en el seno de la montaña. Colocamos un jarrón de la buena fortuna sobre el aparador dispuesto en este rincón para que mejore la suerte de la familia con el paso del tiempo. También garantiza que la casa continuará en propiedad de la familia y que ésta no correrá peligro de perderla.

El noroeste (el trigrama chien*)*

Es el lugar del padre, el patriarca, la persona que aporta el sustento. Al igual que el sudoeste, es un sector vital y de máxima importancia en la casa. Si está afligido, por ejemplo debido a la existencia de unos sanitarios en ese lugar, la fortuna de la familia padecerá porque el cabeza de la misma sufrirá pérdidas. Esta parte de la casa debe tenerse siempre muy cuidada. No es menester que se halle excesivamente iluminada, porque el noroeste representa el elemento metal grande y el elemento fuego destruye el metal. Los colores más adecuados aquí son los metalizados o el blanco.

Cómo combinar la buena suerte telúrica con la humana

Antes de pasar adelante nos plantearemos una pregunta que seguramente se le habrá ocurrido al lector o lectora: ¿cuánto tardaremos en ver los cambios, después de introducir las mejoras que recomiende el Feng Shui? Ya se comprende que la respuesta no puede ser sencilla. Recuerdo que una vez hice un estudio de Feng Shui para una pareja y transcurrieron unos 18 meses antes de que se produjesen oportunidades auténticas y concretas para aquellas personas. Pero las más de las veces, y si el estudio se ha realizado correctamente y se han implantado bien las medidas, el Feng Shui desarrolla su magia peculiar casi al instante. Por lo general, si se hacen las cosas bien y no se nos ha escapado por inadvertencia ningún detalle importante, los resultados positivos del Feng Shui se aprecian a no tardar.

Conviene situar la cuestión en su perspectiva, sin embargo. El Feng Shui es sólo uno de los agentes que forman la trinidad de la buena fortuna. Tres tipos de suerte rigen las fortunas humanas: la buena suerte celeste, la buena suerte telúrica y la buena suerte humana. La primera no está en nuestras manos. Es lo que se llama comúnmente el destino, los hados, o podríamos decir que es nuestro karma. La suerte que dispensan los cielos es un factor muy poderoso, omnipresente en los destinos humanos. Por supuesto es gran cosa nacer bendecido por la buena suerte, quiere decirse en una situación medianamente acomodada por lo menos, sin ninguna tara física, y en un continente no afligido por guerras, hambrunas ni catástrofes meteorológicas recurrentes. Si hemos nacido en buenas condiciones y hemos tenido oportunidad de adquirir una instrucción, podemos asegurar que la mayoría de nosotros tenemos una suerte celeste razonablemente buena.

Aunque no nos sea posible controlarla directamente, sí podemos hacer algo por mejorar nuestras circunstancias y crearnos una vida próspera, si nos fijamos en aquellos factores que podemos controlar. Tenemos un dominio sobre la buena fortuna telúrica gracias al arte del Feng Shui, y el de la buena fortuna humana a través del dominio que ejercemos sobre nuestras actitudes y nuestra mente. A decir verdad, si aprovechamos sistemáticamente estos dos factores de la suerte, tendremos el cielo como único límite, según suele decirse.

Al introducir un buen Feng Shui en nuestro espacio vital creamos las condiciones para que acudan a nuestra vida las más maravillosas oportunidades. Se nos propondrán nuevos e interesantes negocios. En cuanto a las relaciones, conoceremos a muchas personas. En el trabajo experimentaremos nuevas situaciones que evolucionarán a nuestro favor. Toda esta evolución se desaprovecharía, sin embargo, si no aportáramos por nuestra parte el esfuerzo necesario para transformarlas en el tipo de prosperidad que deseamos.

La buena fortuna telúrica debe correr pareja con la humana. Es así como conseguiremos mejorar las condiciones de nuestra vida en general. Y aunque hayamos nacido en una situación inicialmente desfavorable, si ponemos en obra el Feng Shui y nuestra mente en colaboración lograremos el salto a una vida auténticamente próspera.

Cómo purificar el espacio que habitamos

La parte final de la etapa preparatoria que va a conducirnos a la prosperidad consiste en familiarizarnos con un método seguro para purificar nuestro espacio vital. No todas las casas requieren purificación, pero todas pueden beneficiarse si se limpian los interiores eliminando posibles energías estancadas.

Yo por mi parte purifico una vez por semana y lo hago, sencillamente, abriendo todas las ventanas de mi casa y poniendo en marcha todos los ventiladores. De este modo la energía interior de la casa se renueva con la irrupción de aire fresco del exterior, y al abrir todas las ventanas éste recorrerá todas las habitaciones. Es aconsejable dejarlas así durante una hora por lo menos, y elegiremos para hacerlo un día soleado, a ser posible, porque ése va a ser un día de mucho yang. La luz del sol vigoriza la energía yang y la renueva, y así entrarán en la casa energías que son preciosas. También es bueno purificar la casa con energía nueva después de un chubasco, cuando el aire está especialmente límpido y despejado por la lluvia.

Después de la purificación espacial realizaremos una limpieza simbólica de todas las superficies. Para ello pasaremos un paño blanco empapado en agua que haya reposado al sol. De este modo limpiamos las superficies de las puertas, las ventanas y los muebles. También barreremos simbólicamente el suelo. La purificación del aire interior atrae el Feng Shui benéfico y vale la pena practicarla con regularidad. Una vez cada tres meses podremos realizar además un gran rito de purificación de todas las energías.

En estas ocasiones, además de abrir las ventanas abriremos todas las puertas de los armarios roperos, de la cocina y despensas. Que salga el aire estancado y entre el aire fresco para renovarlo. A continuación realizaremos una de las dos ceremonias que se describen a continuación, pasando de estancia en estancia hasta recorrer toda la vivienda.

1. Purificación con incienso. En un incensario quemaremos una pequeña cantidad de incienso y realizaremos sahumerios de puerta en puerta, empezando por la principal y terminando en la puerta de atrás. Con el incensario recorremos todo el umbral de cada puerta, y lo mismo haremos con los marcos de las ventanas. Una vez hayamos terminado con las puertas y las ventanas, añadiremos más incienso y pasearemos por las habitaciones procurando no dejarnos ningún rincón ni espacio oscuro de la vivienda. Es aconsejable utilizar el incienso especial perfumado con esencias de plantas de la alta montaña, por tratarse de un lugar donde las energías son puras y poderosas.

2. El otro procedimiento de purificación del espacio consiste en emplear sonidos tintineantes para limpiar las energías de la casa. Se utilizará una campanilla o mejor todavía, un carillón que emita sonidos puros. Yo prefiero utilizar un diapasón porque produce un sonido purísimo y perfectamente afinado. De esta manera se obtiene una energía tan maravillosamente fresca, que he acabado por realizar este tipo de purificación una vez al mes.

La práctica de esta purificación espacial redunda en una inmediata sensación de optimismo. La casa se nota vibrante, ligera, menos opresiva. Predomina una sensación de serena felicidad. Los habitantes quedan menos propensos a discutir, más cordiales. La recomiendo encarecidamente.

3 *Una abundancia de plenitud personal*

*Haz que el Feng Shui sea
tu amigo de toda la vida.
De tal manera,
el mirar por los ojos del Feng Shui
se convertirá en una segunda naturaleza...*

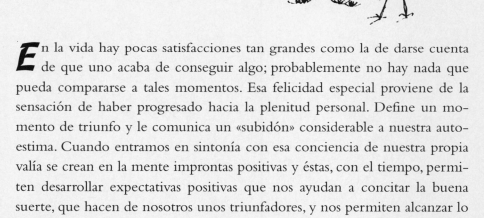

*E*n la vida hay pocas satisfacciones tan grandes como la de darse cuenta de que uno acaba de conseguir algo; probablemente no hay nada que pueda compararse a tales momentos. Esa felicidad especial proviene de la sensación de haber progresado hacia la plenitud personal. Define un momento de triunfo y le comunica un «subidón» considerable a nuestra autoestima. Cuando entramos en sintonía con esa conciencia de nuestra propia valía se crean en la mente improntas positivas y éstas, con el tiempo, permiten desarrollar expectativas positivas que nos ayudan a concitar la buena suerte, que hacen de nosotros unos triunfadores, y nos permiten alcanzar lo que nos habíamos propuesto.

Ser un triunfador es una actitud y una disposición mental. Pero también hace falta la suerte: estar en el momento justo en el lugar oportuno, conocer a una persona especial, tropezarse con una oportunidad que permite lograr una pequeña, pero esencial ventaja competitiva. El Feng Shui puede proporcionar esa racha de suerte, ese empujón necesario para inclinar a nuestro favor la balanza de los resultados. A menudo este pellizco de la suerte representa toda la diferencia entre conseguir ese puesto de trabajo, o esa beca, o ese aumento tan necesario, o quedarse a dos velas. Recuerde el lector o lectora que está en un mundo muy competitivo y que tiende a serlo cada vez más, de manera que vamos a necesitar toda la suerte que podamos obtener.

Para sacar el mejor partido posible del Feng Shui, sin embargo, hay que empezar por saber apreciar la auténtica valía de uno mismo o una misma. Es preciso que nos aceptemos y que asumamos nuestra situación vital. Sólo así llegaremos a distinguir con claridad lo que necesitamos para elevar todavía más nuestra autoestima y nuestra valía. Si usted quiere una abundancia de éxitos, de cosas conseguidas, debe reconciliarse con la persona que es. Arroje de usted esos inoportunos sentimientos de inferioridad. Líbrese de temores, sacúdase la inseguridad, prescinda de conductas defensivas.

Y desde ahora mismo, no se diga más que es difícil aprender el Feng Shui. Considérelo como una asignatura añadida, que dominará con facilidad. Considérelo como una herramienta, como un instrumento que podrá seguir utilizando toda la vida, y cuyo manejo vale la pena aprender. Considere que adquiere unos conocimientos que van a permitirle ser útil a todas sus amistades y parientes.

Adopte una actitud sosegada en cuanto al Feng Shui y sus esfuerzos por mejorarse a sí mismo y su circunstancia. Debe persuadirse de que puede aprender cualquier cosa que se proponga, y que puede hacer cualquier cosa que desee de todo corazón. No deje que le derroten las pequeñas dificultades. Todo esto requiere una transformación de las actitudes y una reprogramación mental, que se puede practicar en paralelo con el ejercicio del Feng Shui y esta asociación muchas veces produce resultados asombrosos. Es lo que he hecho yo misma durante los últimos 15 años.

Yo edifiqué mi seguridad programándome a mí misma de una manera progresiva. Solía meditar sobre las cosas en que me sabía más capaz, es decir los puntos fuertes y las destrezas que tenía o necesitaba adquirir. Es fácil moverse con aplomo en aquello que nos consta dominamos bien, o en una actividad especializada para la cual hemos estudiado y que desarrollamos de manera competente. Pero el negocio de la vida requiere saber mucho, y no es raro que la coraza de nuestro aplomo resulte seriamente abollada por los golpes recibidos. Eso fue lo que pasó cuando empecé a hacer Feng Shui por mi cuenta, en una época que coincidió con mis primeros pasos por los peldaños de la escala profesional. En tal situación, sin embargo, habría sido muy peligroso dejarme vencer por ninguna sensación de insuficienciá.

No estaba muy segura de mí misma, pero decidí no hacer caso de los pequeños baches del camino. Con este planteamiento, elegí fijarme en lo que verdaderamente me hacía falta para progresar, tanto en lo profesional como en lo personal y privado. Por lo mismo, decidí mejorar mis calificaciones oficiales. Cursé mi petición para matricularme en el máster de administración de empresas de la Harvard Business School, cosa no fácil y que exigió todos mis recursos de voluntad y decisión. Todavía faltaba reunir el dinero necesario para poder asistir a esos cursos, y fue entonces cuando entró en juego el Feng Shui. Desplacé mi cama para orientar favorablemente mi posición mientras dormía, a fin de recibir la buena fortuna y el chi beneficioso de la orientación óptima. Mi método no falló y de este modo conseguí una beca de las Naciones Unidas para poder seguir la carrera en Harvard.

Con el tiempo fueron manifestándose los resultados positivos de practicar el Feng Shui por mi cuenta, de manera que durante toda mi carrera en el mundo empresarial he seguido utilizando mis conocimientos de Feng Shui, como si este arte fuese uno más de los instrumentos de la gestión. Hubo momentos, naturalmente, en que me hallé tan enfrascada en el trabajo que apenas pude acordarme del Feng Shui. Pues bien, durante varios meses sufrí una temporada de reveses inexplicables. Una mala suerte pertinaz. Por fortuna para mí, siempre supe darme cuenta a tiempo y corregir la situación. Así fue como empezó mi amistad con el Feng Shui, que ahora es sólida y viene durando bastantes años.

Escribo este libro para explicarle a usted y a todos los demás lectores que todos pueden hacerlo. En el Feng Shui no hay nada misterioso, ni se trata de una ardua disciplina espiritual. Yo nunca he querido tratar el Feng Shui como un método de magia paranormal ni espiritista. Para mí se trata de un método que consiste en dominar las energías propicias y disipar las energías perjudiciales, con lo cual nos protegemos del mal Feng Shui y mejoramos nuestro entorno aprovechando las cualidades del bueno. Para conseguirlo no hay que ser un taumaturgo, ni hace falta ningún poder sobrenatural. Sí es posible, no obstante, aplicar nuestro poder mental para potenciar los métodos y las técnicas de Feng Shui, una vez aprendidas y practicadas.

Por supuesto, mejorarse uno mismo, o una misma, es una misión que nunca termina. Siempre es agradable comprobar que hemos adquirido nuevos conocimientos, nuevas experiencias, nuevas destrezas y nuevas cualificaciones. No importa en qué edad de la vida nos hallemos, el progreso personal siempre crea una sensación especial de prosperar. Esto puede convertirse en un hábito y el sentirse bien consigo mismo o consigo misma pasa a constituir una segunda naturaleza. Al mismo tiempo adquirimos también el hábito de la práctica del Feng Shui.

Dejad que el Feng Shui se convierta en un amigo para toda la vida, hasta que contemplar el mundo con «ojos Feng Shui» haya pasado también a convertirse en una segunda naturaleza. No es necesario hacer de ello una obsesión, pero notaremos que su presencia agudiza nuestros sentidos. Es una manera de entender las energías que nos rodean. Sin embargo, no hay que permitir que nos gobiernen.

*C*ómo potenciar nuestra energía chi personal

Los profesionales avanzados poseen métodos secretos que les permiten hacer acopio de gran cantidad de energía chi personal, y la utilizan a fin de entrar en un estado meditativo para ciertas consultas especiales de Feng Shui. Estos métodos varían de unos maestros a otros y por lo que tengo visto, participan más de las prácticas chamánicas que del Feng Shui verdadero. Se me han comunicado algunos de estos métodos secretos, pero su utilización se me antoja innecesaria. En la mayoría de los casos me basta con utilizar una sencilla evaluación paisajística y combinarla con el Feng Shui de la brújula; a todo evento introduzco luego algunas de mis técnicas de potenciación de la mente. Éstas son mi secreto, podríamos decir, pero no tengo ningún inconveniente en divulgarlas aquí.

Empezaré ofreciendo unos ejercicios muy sencillos pero muy especiales de chi kung (o *qi gong*, véase recuadro), mediante los cuales aprenderemos a elevar el chi interior. Es una forma de ejercicio que tiende a utilizar el chi individual para desarrollar un organismo sano. Este método es una manifestación física del chi, en el sentido de que podemos sentir cómo se desplaza la energía dentro de nosotros. No es necesario aprender toda la disciplina del chi kung para introducir sus beneficios en el Feng Shui. Pero se aconseja tratar de percibir esa energía chi como algo propio y personal, algo que nos pertenece. De esta manera sintonizamos con nuestro propio campo de fuerza y con la parte del aliento cósmico que reside en nuestro interior. Y sólo entonces visualizaremos la alineación de dicha energía propia con las energías cósmicas del espacio viviente que nos rodea.

Ejercicios para entrar en contacto con nuestro chi personal

1. De pie, las piernas separadas, dejando unos 45 cm de distancia entre los pies. Flexione ligeramente las rodillas, pero manteniendo la espalda bien recta, y sin inclinarse hacia delante. Mantener la espalda recta constituye, entre otras cosas, el secreto de los métodos chi kung y kung fu para potenciar el chi, que utilizan los practicantes de las artes marciales. A continuación, abra los brazos hacia los lados como si se tratase de dibujar una cruz con el cuerpo. Doble los dedos de las manos hacia arriba dejando las manos a 90 grados con respecto al antebrazo, y mantenga la postura durante unos diez minutos. Se notará cómo empieza a movilizarse el chi partiendo de las palmas de las manos y empezando su carrera ascensional a través del cuerpo. Si se practica este ejercicio a diario, antes de un mes se notará usted capaz de detectar, controlar e incluso manipular a voluntad el flujo de esa energía chi entre las manos. Aunque eso será todo; no vaya usted a creer que este sencillo ejercicio condensa toda la ciencia del chi kung. Se trata solamente de desarrollar la capacidad para percibir el propio chi, y de saber potenciar los objetos transfiriéndola mentalmente. Pero ciertamente falta mucho todavía para convertirse en un experto en chi kung. Ésta es una ciencia maravillosa y se aprende aparte, aunque desde luego vale la pena.

2. De pie, las piernas separadas, dejando unos 45 cm de distancia entre los pies. Con la espalda recta, baje un poco el cuerpo en la postura llamada «caballo de hierro» por los maestros de artes marciales. Así entran en juego los músculos principales del cuerpo y durante los primeros días tal vez tendrá usted agujetas en los muslos. ¡También es un buen procedimiento para perder kilos! Manos hacia delante ahora, con las palmas enfrentadas como si sostuviéramos entre ellas un pajarito vivo. Sintonice con esa idea de tener un ser vivo entre las manos. Acérquelas y sepárelas un poco varias veces, con precaución. Notará que las palmas se calientan poco a poco, y percibirá la energía atrapada entre ellas. Visualice ahora esa energía como una esfera que se dilata y se contrae obedeciendo a sus instrucciones mentales.

Los cuarzos y su uso para mejorar los resultados de los exámenes

La capacidad para detectar la propia energía intrínseca es el punto de partida para vigorizar el chi personal. Cuando nos hayamos calentado suficientemente por medio de uno de los dos ejercicios aquí descritos, pondremos las manos alrededor de una aglomeración natural de cristales de cuarzo, o una bola de cristal, que habremos adquirido al efecto. Luego colocaremos este objeto sobre una mesita en el rincón nordeste de nuestra sala de estar o nuestro gabinete de trabajo. Esta operación aportará una estupenda fortuna telúrica a todos nuestros esfuerzos por mejorarnos a nosotros mismos. En particular se trata de una técnica muy útil en las casas donde haya hijos estudiantes, puesto que al potenciar así el rincón nordeste suele favorecer la obtención de excelentes resultados académicos.

Podemos hacer que cada niño tenga su propio cristal, que, como queda dicho, puede ser un grupo de cuarzos naturales o una bola. Que aprendan a calentar sus manos con la energía interior según las instrucciones de este libro y luego toquen el cristal, de manera que sus energías se transfieran eficazmente al mismo. Por último lo colocaremos sobre una mesita en el rincón nordeste de la sala de estar. También pueden tener su cristal sobre una mesita en el rincón nordeste de sus respectivas habitaciones.

La eficacia de este método para mejorar resultados en los exámenes se debe a que los niños se fijan más, mejora su concentración y ellos se sienten mucho más motivados. Es conveniente refrescar de vez en cuando las energías del cristal teniéndolo en las manos para que absorba las energías personales de la criatura en cuestión, y que no lo toque ninguna otra persona. Se entiende que no interesa que el cristal se cargue con las energías de varios individuos diferentes, ya que podrían resultar negativas o incompatibles con la energía de nuestro pequeño. De manera que vigilaremos con cuidado los cristales de energía.

Por la misma razón, antes de utilizar nuestro propio cristal a efectos de Feng Shui es recomendable purificarlo para eliminar las energías remanentes y desconocidas. En efecto, el cristal puede haber sido tocado por muchas personas mientras ha permanecido en el escaparate o la vitrina de la tienda, y habrá recibido numerosas vibraciones extrañas. Para eliminar todo eso, llenaremos una olla de agua hasta el borde y disolveremos en ella 7 cucharadas de sal común. Se tendrá sumergido el cristal durante siete días con sus noches y luego lo aclararemos con agua corriente del grifo. De esta manera suprimiremos eficazmente todas las energías, y entonces podremos cargar el cristal con la nuestra o la de la persona cuyos resultados académicos se desea potenciar.

Un globo de lapislázuli

Un sistema todavía más eficaz para mejorar los resultados escolares de los niños es colocar un globo auténtico en el rincón nordeste. Puede ser un globo terrestre de los que giran sobre su eje, o mejor todavía uno diseñado expresamente y hecho de cristal, lapislázuli o topacio. En este caso se trata de unos objetos bastante costosos, pero capaces de crear un Feng Shui excelente para el tipo de buena fortuna que asegura el máximo de honores en los estudios.

El globo es un estupendo símbolo del planeta Tierra, y colocado en el rincón nordeste, que representa las aspiraciones formativas de la familia, constituye un medio muy eficaz para activar el elemento telúrico de ese rumbo. Personalmente prefiero el globo hecho de lapislázuli, que utilicé con inmenso éxito durante todos los años de la escuela y los estudios universitarios de mi hija. Pero si no puede conseguirlo, también se obtienen excelentes resultados con los de cristal.

Sobre todo, no olvide que la criatura debe tener el globo entre las manos después de cargarlas de energía chi mediante los ejercicios. Es indispensable que pase al cristal la energía personal del individuo a quien se pretende beneficiar.

*C*ómo alinear el chi personal con el del espacio

Aparte las técnicas anteriores, que combinan el Feng Shui simbólico y la teórica de los cinco elementos, también se puede utilizar la fórmula de las ocho mansiones, que clasifica a los individuos en dos grupos, este y oeste, o lo que yo llamo la fórmula Pa Kua Lo Shu. Se trata de una fórmula muy poderosa, tomada de los textos clásicos, y que permite determinar las orientaciones y las localizaciones de mejores auspicios atendiendo a las fechas de nacimiento y al sexo. Esta fórmula ofrece un método personalizado para determinar las alineaciones de buen o mal presagio entre el chi personal del individuo habitante de un lugar y el chi del lugar mismo, o entorno. La aplicación de la fórmula en sí es fácil, pero hay varias maneras de utilizarla.

Números kua determinados según el calendario lunar chino

Para obtener su número kua, usted necesita determinar el año de su nacimiento con arreglo al calendario lunar. Para ello, observe cómo se reduce la cifra del año en una unidad para las fechas iniciales. Por ejemplo, si nació usted el 5 de febrero de 1975, tomará como año de nacimiento el 1974, no el 1975. Y el nacido un 21 de enero de 1987 dirá que su año de nacimiento es 1986, no 1987. En la tabla se indica también el número kua y si quiere saber cómo se calculan esos números, puede ver la fórmula en la página 65.

Animal (elemento)	Fecha de nacimiento según el calendario occidental	Elemento del año	Kua para hombres	Kua para mujeres
RATA (agua)	18 Ene 1912 - 5 Feb 1913	agua	7	8
BUEY (tierra)	6 Feb 1913 - 25 Ene 1914	agua	6	9
TIGRE (madera)	26 Ene 1914 - 13 Feb 1915	madera	5	1
LIEBRE (madera)	14 Feb 1915 - 2 Feb 1916	madera	4	2
DRAGÓN (tierra)	3 Feb 1916 - 22 Ene 1917	fuego	3	3
SERPIENTE (fuego)	23 Ene 1918 - 10 Feb 1918	fuego	2	4
CABALLO (fuego)	11 Feb 1918 - 31 Ene 1919	tierra	1	5
OVEJA (tierra)	1 Feb 1919 - 19 Feb 1920	tierra	9	6
MONO (metal)	20 Feb 1920 - 7 Feb 1921	metal	8	7
GALLO (metal)	8 Feb 1921 - 27 Ene 1922	metal	7	8
PERRO (tierra)	28 Ene 1922 - 15 Feb 1923	agua	6	9
CERDO (agua)	16 Feb 1923 - 4 Feb 1924	madera	5	1
RATA (agua)	5 Feb 1924 - 23 Ene 1925	madera	4	2
BUEY (tierra)	24 Ene 1925 - 12 Feb 1926	madera	3	3
TIGRE (madera)	13 Feb 1926 - 1 Feb 1927	fuego	2	4
LIEBRE (madera)	2 Feb 1927 - 22 Ene 1928	fuego	1	5
DRAGÓN (tierra)	23 Ene 1928 - 9 Feb 1929	tierra	9	6
SERPIENTE (fuego)	10 Feb 1929 - 29 Ene 1930	tierra	8	7
CABALLO (fuego)	30 Ene 1930 - 16 Feb 1931	metal	7	8
OVEJA (tierra)	17 Feb 1931 - 5 Feb 1932	metal	6	9
MONO (metal)	6 Feb 1932 - 25 Ene 1933	agua	5	1
GALLO (metal)	26 Ene 1933 - 13 Feb 1934	agua	4	2
PERRO (tierra)	14 Feb 1934 - 3 Feb 1935	madera	3	3
CERDO (agua)	4 Feb 1935 - 23 Ene 1936	madera	2	4
RATA (agua)	24 Ene 1936 - 10 Feb 1937	fuego	1	5
BUEY (tierra)	11 Feb 1937 - 30 Ene 1938	fuego	9	6
TIGRE (madera)	31 Ene 1938 - 18 Feb 1939	tierra	8	7
LIEBRE (madera)	19 Feb 1939 - 7 Feb 1940	tierra	7	8
DRAGÓN (tierra)	8 Feb 1940 - 26 Ene 1941	metal	6	9

Animal (elemento)	Fecha de nacimiento según el calendario occidental	Elemento del año	Kua para hombres	Kua para mujeres
SERPIENTE (fuego)	27 Ene 1941 - 14 Feb 1942	metal	5	1
CABALLO (fuego)	15 Feb 1942 - 4 Feb 1943	agua	4	2
OVEJA (tierra)	5 Feb 1943 - 24 Ene 1944	agua	3	3
MONO (metal)	25 Ene 1944 - 12 Feb 1945	madera	2	4
GALLO (metal)	13 Feb 1945 - 1 Feb 1946	madera	1	5
PERRO (tierra)	2 Feb 1946 - 21 Ene 1947	fuego	9	6
CERDO (agua)	22 Ene 1947 - 9 Feb 1948	fuego	8	7
RATA (agua)	10 Feb 1948 - 28 Ene 1949	tierra	7	8
BUEY (tierra)	29 Ene 1949 - 16 Feb 1950	tierra	6	9
TIGRE (madera)	17 Feb 1950 - 5 Feb 1951	metal	5	1
LIEBRE (madera)	6 Feb 1951 - 26 Ene 1952	metal	4	2
DRAGÓN (tierra)	27 Ene 1952 - 13 Feb 1953	agua	3	3
SERPIENTE (fuego)	14 Feb 1953 - 2 Feb 1954	agua	2	4
CABALLO (fuego)	3 Feb 1954 - 23 Ene 1955	madera	1	5
OVEJA (tierra)	24 Ene 1955 - 11 Feb 1956	madera	9	6
MONO (metal)	12 Feb 1956 - 30 Ene 1957	fuego	8	7
GALLO (metal)	31 Ene 1957 - 17 Feb 1958	fuego	7	8
PERRO (tierra)	18 Feb 1958 - 7 Feb 1959	tierra	6	9
CERDO (agua)	8 Feb 1959 - 27 Ene 1960	tierra	5	1
RATA (agua)	28 Ene 1960 - 14 Feb 1961	metal	4	2
BUEY (tierra)	15 Feb 1961 - 4 Feb 1962	metal	3	3
TIGRE (madera)	5 Feb 1962 - 24 Ene 1963	agua	2	4
LIEBRE (madera)	25 Ene 1963 - 12 Feb 1964	agua	1	5
DRAGÓN (tierra)	13 Feb 1964 - 1 Feb 1965	madera	9	6
SERPIENTE (fuego)	2 Feb 1965 - 20 Ene 1966	madera	8	7
CABALLO (fuego)	21 Ene 1966 - 8 Feb 1967	fuego	7	8
OVEJA (tierra)	9 Feb 1967 - 29 Ene 1968	fuego	6	9
MONO (metal)	30 Ene 1968 - 16 Feb 1969	tierra	5	1
GALLO (metal)	17 Feb 1969 - 5 Feb 1970	tierra	4	2
PERRO (tierra)	6 Feb 1970 - 26 Ene 1971	metal	3	3
CERDO (agua)	27 Ene 1971 - 14 Feb 1972	metal	2	4
RATA (agua)	15 Feb 1972 - 2 Feb 1973	agua	1	5
BUEY (tierra)	3 Feb 1973 - 22 Ene 1974	agua	9	6
TIGRE (madera)	23 Ene 1974 - 10 Feb 1975	madera	8	7
LIEBRE (madera)	11 Feb 1975 - 30 Ene 1976	madera	7	8
DRAGÓN (tierra)	31 Ene 1976 - 17 Feb 1977	fuego	6	9
SERPIENTE (fuego)	18 Feb 1977 - 6 Feb 1978	fuego	5	1
CABALLO (fuego)	7 Feb 1978 - 27 Ene 1979	tierra	4	2
OVEJA (tierra)	28 Ene 1979 - 15 Feb 1980	tierra	3	3
MONO (metal)	16 Feb 1980 - 4 Feb 1981	metal	2	4

Animal (elemento)	Fecha de nacimiento según el calendario occidental	Elemento del año	Kua para hombres	Kua para mujeres
GALLO (metal)	5 Feb 1981 - 24 Ene 1982	metal	1	5
PERRO (tierra)	25 Ene 1982 - 12 Feb 1983	agua	9	6
CERDO (agua)	13 Feb 1983 - 1 Feb 1984	agua	8	7
RATA (agua)	2 Feb 1984 - 19 Feb 1985	madera	7	8
BUEY (tierra)	20 Feb 1985 - 8 Feb 1986	madera	6	9
TIGRE (madera)	9 Feb 1986 - 28 Ene 1987	fuego	5	1
LIEBRE (madera)	29 Ene 1987 - 16 Feb 1988	fuego	4	2
DRAGÓN (tierra)	17 Feb 1988 - 5 Feb 1989	tierra	3	3
SERPIENTE (fuego)	6 Feb 1989 - 26 Ene 1990	tierra	2	4
CABALLO (fuego)	27 Ene 1990 - 14 Feb 1991	metal	1	5
OVEJA (tierra)	15 Feb 1991 - 3 Feb 1992	metal	9	6
MONO (metal)	4 Feb 1992 - 22 Ene 1993	agua	8	7
GALLO (metal)	23 Ene 1993 - 9 Feb 1994	agua	7	8
PERRO (tierra)	10 Feb 1994 - 30 Ene 1995	madera	6	9
CERDO (agua)	31 Ene 1995 - 18 Feb 1996	madera	5	1
RATA (agua)	19 Feb 1996 - 6 Feb 1997	fuego	4	2
BUEY (tierra)	7 Feb 1997 - 27 Ene 1998	fuego	3	3
TIGRE (madera)	28 Ene 1998 - 15 Feb 1999	tierra	2	4
LIEBRE (madera)	16 Feb 1999 - 4 Feb 2000	tierra	1	5
DRAGÓN (tierra)	5 Feb 2000 - 23 Ene 2001	metal	9	6
SERPIENTE (fuego)	24 Ene 2001 - 11 Feb 2002	metal	8	7
CABALLO (fuego)	12 Feb 2002 - 31 Ene 2003	agua	7	8
OVEJA (tierra)	1 Feb 2003 - 21 Ene 2004	agua	6	9
MONO (metal)	22 Ene 2004 - 8 Feb 2005	madera	5	1
GALLO (metal)	9 Feb 2005 - 28 Ene 2006	madera	4	2
PERRO (tierra)	29 Ene 2006 - 17 Feb 2007	fuego	3	3
CERDO (agua)	18 Feb 2007 - 6 Feb 2008	fuego	2	4

Otro libro mío está dedicado por entero a ese tema, por la gran diversidad de los casos de aplicación y la estrecha vinculación del Feng Shui con esa fórmula. En la presente obra también comentaremos muchas aplicaciones diferentes de ella, en función de su relación con los diversos tipos de prosperidad que deseamos obtener.

La fórmula Pa Kua Lo Shu

Para determinar los rumbos de buen o mal auspicio que nos atañen personalmente, en primer lugar calculamos nuestro número Pa Kua personal. A tal efecto se tiene en cuenta el sexo y el año de nacimiento según el calendario lunar. Partiendo de nuestro año de nacimiento oficial, consultamos la tabla de los años lunares que figura en las páginas 62-64 y aplicamos el cálculo descrito en el recuadro de abajo para saber nuestro número kua.

Una vez sabido el número kua podremos determinar varias cosas:

1. A cuál de los dos grupos, este u oeste, pertenecemos.
2. Nuestros cuatro rumbos de buen auspicio
3. Nuestros cuatro rumbos de mal auspicio
4. Nuestro mejor rumbo para la plenitud personal
5. Nuestro mejor rumbo para el éxito
6. Nuestro mejor rumbo para la salud
7. Nuestro mejor rumbo para el matrimonio
8. Qué parte de nuestra casa nos conviene evitar
9. Qué parte de nuestra casa nos ofrece más buena fortuna.

Los usos relacionados aquí son algunas de las aplicaciones del número kua; más adelante se expondrán técnicas más importantes y eficaces para la utilización de la fórmula.

Determinación del número kua

Para los hombres
Tomar el año lunar de nacimiento.
Sumar los dos últimos dígitos.
Reducir a uno solo.
Restar de 10.
Ejemplo 1: Año de nacimiento, 1964.
6 + 4 = 10 y 1 + 0 = 1
10 − 1 = 9
El número kua es 9.
Ejemplo 2: Año de nacimiento, 1984.
8 + 4 = 12 y 1 + 2 = 3
10 − 3 = 7
El número kua es 7.

Para las mujeres
Tomar el año lunar de nacimiento.
Sumar los dos últimos dígitos.
Reducir a uno solo y sumarle 5.
Si resulta superior a 10, reducir a un solo dígito.
Ejemplo 1: Año de nacimiento, 1945.
4 + 5 = 9 y 9 + 5 = 14
Reducimos 1 + 4 = 5
El número kua es 5.
Ejemplo 2: Año de nacimiento, 1982.
8 + 2 = 10 y 1 + 0 = 1
1 + 5 = 6
El número kua es 6.

Los grupos este y oeste

♦ Las personas del grupo este son las que tienen los números kua 1, 3, 4 o 9 y sus cuatro puntos cardinales de buen augurio son norte, sur, sudeste y este. Éstos son los rumbos del grupo este y cualquiera de ellos traerá buena suerte a las personas pertenecientes a dicho grupo.

♦ Las personas del grupo oeste tienen los números kua 2, 5, 6, 7 u 8 y las cuatro direcciones propicias para este grupo son oeste, sudoeste, noroeste y nordeste. Si usted es una persona del grupo oeste, cualquiera de estos rumbos le traerá la buena fortuna.

♦ Téngase en cuenta que las direcciones del grupo este son desfavorables para las personas del grupo oeste, y viceversa. Procure memorizar su número kua y también sus rumbos favorables, de manera que sepa siempre cuáles son los rumbos propicios o nefastos en cualquier situación. Teniendo siempre una brújula a mano, podrá practicar esta sencilla técnica de Feng Shui dondequiera que se encuentre.

Gente del grupo este y gente del grupo oeste

Según la fórmula todos pertenecemos a uno u otro grupo y se estima, en general, que los de un mismo grupo tendemos a ser más compatibles. Los del grupo este se entienden mejor con otros del grupo este, y lo mismo puede decirse del grupo oeste. Para saber a cuál pertenece usted, lea los comentarios del recuadro.

Potenciar la plenitud personal

La manera más eficaz de activar la buena fortuna que nos conducirá a la plenitud personal es utilizar la fórmula Pa Kua Lo Shu. Para descubrir cuál es su rumbo más prometedor, el que más puede hacer por mejorar su evolución como persona, calcule su número kua y consulte el Pa Kua según la disposición del Cielo Posterior (es decir, el Pa Kua yang), a fin de determinar el rumbo de la brújula que corresponde a su número kua. En el recuadro doy una tabla de referencia rápida.

Rumbos más prometedores de plenitud y progreso

Su número kua	Rumbo
1	norte
2	sudoeste
3	este
4	sudeste
5	sudoeste para los hombres, nordeste para las mujeres
6	noroeste
7	oeste
8	nordeste
9	sur

Técnicas de aplicación

1. Sentarse a la mesa de trabajo mirando hacia el rumbo más favorable. Es decir, si tenemos la brújula delante de nosotros sobre la mesa, correctamente orientada al norte, y suponiendo que el rumbo óptimo para nosotros sea el este, nos sentaremos de cara a la dirección indicada como E. Se recomienda la mayor exactitud posible. A muchos de los que me consultan les recomiendo que dibujen una flecha sobre el tablero del escritorio, que les sirva de recordatorio permanente. Se intentará buscar siempre esa orientación favorable durante el estudio, al cumplimentar los trabajos y también durante los exámenes, si es posible (si no lo es, procuremos al menos orientarnos hacia otra de nuestras orientaciones favorables).
2. Dormir con la cama orientada de tal manera que la cabeza apunte a la dirección óptima. De esta manera, además de potenciar el progreso personal durante la jornada, mientras permanece sentado a su mesa de trabajo, usted sigue haciéndolo durante las horas de sueño. Evidentemente el cabezal de la cama ha de quedar orientado hacia ese rumbo.
3. Trate de ponerse de cara a su orientación privilegiada siempre que vaya a entrevistarse con alguien, si la ocasión es importante para usted. Si casualmente resulta que mientras usted encara su mejor dirección, el oponente se halla mirando a la peor de las suyas, usted llevará la ventaja durante toda la entrevista y conseguirá todo cuanto se haya propuesto. Es otro de esos casos en que recomendamos llevar siempre una brújula de bolsillo.

Al consultar dicha tabla usted identificará el rumbo y el rincón de su casa más importantes en función de la suerte en la consecución de la plenitud. Ésta es la sensación que acompaña al que consigue mejorías significativas de su prestigio profesional o docente, por ejemplo. Si usted es un estudiante, al potenciar este rumbo se ayudará a estudiar mejor, aumentará sus poderes de concentración y comprensión y, lo que es más importante, se imbuirá de una fortísima motivación para salir airoso.

A los que ya trabajan, potenciar su rumbo más propicio les ayudará a adquirir confianza en sí mismos y no descuidarán ocasión de mejorar sus cualificaciones profesionales. Y los dedicados a cualquier tipo de estudios hallarán que esa orientación les permite alinear directamente su flujo personal de chi con el del entorno.

Esta dirección propicia al progreso individual es también la mejor para la meditación, que así encarada produce resultados mucho antes, en mejores condiciones de concentración. Se puede interpretar que al mirar hacia la dirección óptima, las energías que provienen de esa dirección se recibirán de la manera más favorable y de augurio más positivo.

*O*tros métodos para mejorar cada uno de los rumbos

Es buena idea la de añadir otra dimensión a las técnicas de potenciación de las energías que utilicemos. Lo haremos aplicando la teoría de los cinco elementos. Identificamos qué elemento representa nuestro rumbo de buen augurio. Y luego colocamos en el lugar oportuno un objeto que simbolice el elemento que genera nuestro elemento representativo. Se citan aquí algunos símbolos apropiados para cada una de las orientaciones, aunque sólo a título de sugerencia. El lector o lectora puede ejercitar su propia inventiva una vez haya entendido el fundamento teórico.

Cuando el rumbo favorable es oeste o noroeste

El metal es el elemento que conviene activar. ¿Qué elemento produce el metal? La tierra produce el metal, así que procuraremos sentarnos de cara a un objeto u objetos que representen el elemento tierra. Así fomentamos simbólicamente la producción del elemento que potenciará nuestra buena suerte. Consideramos como objetos de tierra todos los hechos de piedra, cerámica, vidrio, cristal, escayola o arena. Una solución excelente sería colocar un jarrón de cristal o de porcelana, puesto a unos 3 m delante de usted. Si lo prefiere, también puede servir una pintura que represente el elemento tierra, como un paisaje representando una colina pequeña. Pero no cuelgue un paisaje de montaña; aunque éste también represente el elemento tierra, sentarse de cara a una montaña equivale a estar enfrentado con ella y eso no es de buen augurio. Se ha de mantener un equilibrio. Evite la presencia de ningún objeto que pertenezca al elemento fuego.

Cuando el rumbo favorable es este o sudeste

El elemento que se potenciará será la madera. El elemento que produce la madera es el agua, por tanto la solución excelente consistirá en situar delante de nosotros algún ornamento relacionado con el agua. Puede ser algo tan sencillo como una pecera transparente, un acuario, una fuentecilla. Para el progreso personal, sin embargo, normalmente bastará con una pintura que represente un paisaje con agua. La presencia física de ésta es preferible cuando se trata de potenciar la buena fortuna entendida como riqueza, no como realización personal. Dicho esto, haremos constar que el agua siempre es de buen augurio cuando se utiliza correctamente. Se evitará tener nada que represente el elemento metal.

Cuando el rumbo favorable es sudoeste o nordeste

En este caso se trata de potenciar el elemento fuego. Colocaremos delante de nosotros algo que sea de color rojo, como un cuadro en el que predomine dicho color, o colgaremos unos cortinajes rojos o una lámpara brillante de ese color. En el ciclo de los elementos, el fuego produce el elemento tierra, que corresponde a los rumbos sudoeste o noroeste. También trae buena suerte colocar objetos que sugieran el elemento tierra, puesto que la buena fortuna de la tierra es particularmente prometedora en los dos sectores mencionados. Evítese cualquier sugerencia del elemento agua, ya que el agua destruye la tierra.

Cuando el rumbo favorable es norte

El elemento que se potenciará es el agua, y en este caso el elemento compatible y generador es el metal. Colocaremos delante de nosotros cualquier objeto metálico (aunque mejor si pudiera ser de oro), como un equipo de alta fidelidad, un reloj de pared o un carillón. Todo ello potencia las energías procedentes del norte. Y ellas aportarán buena fortuna bajo la forma de grandes éxitos en todas nuestras empresas.

Cuando el rumbo favorable es sur

Se debe energizar el elemento fuego, en cuyo caso lo más prometedor es tener delante una planta, cuidando siempre de que estén prósperas y lozanas. También es aconsejable que sean florales, ya que la floración sugiere el homólogo proceso de prosperidad de todos nuestros asuntos. Los chinos creían que la buena suerte del estudioso empieza a florecer cuando pasaba con éxito los exámenes imperiales que daban acceso a la condición de funcionario, y que pueden compararse con las modernas licenciaturas y diplomaturas.

Crear un santuario privado

Cuando conozca su rumbo privilegiado y el elemento más idóneo para usted, cabe pensar en instalar dentro de su casa un santuario privado y exclusivamente suyo. Este reducto se debe decorar de la manera más propicia para usted, lo cual supondrá una alineación de su chi personal con el del entorno, y así el flujo de las energías en el santuario será equilibrado y armonioso al mismo tiempo. Lo cual redunda en beneficio de todos sus esfuerzos de reflexión, meditación y creatividad.

Éstas son las directrices para crear un santuario propio:

1. Seleccione una parte de la casa que coincida con la dirección óptima para su desarrollo personal. Recuerde su número kua y sitúe la brújula en el centro del plano de la casa para que indique esa dirección más idónea.
2. Identifique el elemento de ese rincón. Si esa parte de la casa está ya ocupada por el cuarto de los trastos, los sanitarios o la cocina, ello puede sugerir una cierta dosis de efecto desfavorable en lo tocante a su desarrollo personal. La solución, si lo desea, consiste en pasar a la sala de estar, o al dormitorio, e identificar el rincón de esa estancia que corresponde a su mejor rumbo de desarrollo personal. Entonces el santuario será el rincón especial de esa habitación.
3. Delimitaremos este espacio y lo potenciaremos mediante uno de los ritos de purificación descritos en el capítulo anterior (página 54), usando

el incienso o un carillón. Limpiar con cuidado las energías, de manera que no quede ningún remanente de las actividades anteriormente desarrolladas en el lugar.

4. Decore el rincón usando colores que armonicen con el elemento que lo rige, por ejemplo en el empapelado, cortinajes, alfombras y almohadones puestos en el suelo. Comó guía de consulta rápida téngase en cuenta que:

   ◆ todos los matices del rojo representan el elemento fuego y son adecuados para los rumbos sur, sudoeste y nordeste;

   ◆ todos los matices de verde y castaño representan el elemento madera y son adecuados para el este, sudeste y norte;

   ◆ todos los matices de negro y azul representan el elemento agua y corresponden al norte, al este y al sudeste;

   ◆ todos los matices de blanco y los colores metalizados representan el elemento metal y son adecuados para el oeste, el noroeste y el norte;

   ◆ todos los matices de ocre representan la tierra y son los que corresponden al sudoeste, al nordeste, al oeste y al noroeste.

5. Por último potenciaremos las energías del rincón decorándolo con un objeto que simbolice el elemento correspondiente al santuario. Cuando sea oeste o noroeste quizá pondremos una campanilla o un carillón de metal; si es sudoeste o nordeste, colgaremos un cristal; si es sur, colgaremos una lámpara brillante; en los santuarios para sudeste y este se colocarán plantas vigorosas y lozanas; si es norte, un elemento decorativo que incluya el agua.

En la medida de lo posible nuestro santuario privado se reservará para el uso que la misma expresión indica: un lugar para la meditación y el estudio. Siéntese de cara a su rumbo privilegiado y reciba las energías más excelentes.

*C*ómo romper las barreras del yo

No haga nada de lo dicho anteriormente si subsiste en su ánimo cualquier género de escepticismo o duda. Aunque no es necesario creer en el Feng Shui para que las disposiciones surtan efecto, si tiene dudas empobrecerá involuntariamente su propio espacio con energías negativas. En verdad la mente es todopoderosa y si vamos irradiando incredulidad y escepticismo, éstos actúan a manera de flechas envenenadas que perjudican la eficacia de cuando hagamos por mejorar las energías del entorno. Transmiten chi letal y éste contrarresta la armonía que hemos intentado crear. Recordemos que el Feng Shui consiste en manipular las energías del espacio en donde vivimos, y que no hay otra fuente de energías tan potentes como usted mismo, sean positivas o negativas.

Los seres humanos irradian grandes cantidades de chi, cuyos efectos en el entorno son apreciables. Por consiguiente, es aconsejable romper las barreras del propio yo antes de intentar ningún otro procedimiento. Si no cree usted demasiado en la eficacia del Feng Shui, para empezar sería mejor limitarse a las técnicas más sencillas de potenciación de las energías. De esta manera empezaremos a ver el Feng Shui en obra, y notaremos cómo se animan los espacios dotados de un Feng Shui propicio. Lo cual puede servir para ir convenciéndonos poco a poco, antes de abordar una empresa tan avanzada como es la de implantar un santuario Feng Shui privado.

Para romper las barreras del yo hay que utilizar el propio intelecto con el fin de proceder a una reflexión lógica sobre la práctica del Feng Shui. No deponga su escepticismo, pero tómeselo con calma. No se le exige que deposite su fe en el Feng Shui. No es una religión. Sin embargo, hay que persuadirse de que es algo válido y que vale la pena ponerlo en práctica. La actitud más aconsejable sería una indiferencia sosegada, evitando tensiones. El Feng Shui no hará que acierte usted instantáneamente el gordo de la lotería, ni puede acarrear triunfos de la noche a la mañana. Por tanto, es obvio que estaría fuera de lugar cualquier actitud de impaciencia. Sería tan injusto atribuir a un mal Feng Shui cualquier racha adversa de la fortuna, como acreditar al buen Feng Shui todos los golpes de buena suerte. Recuerde que el Feng Shui representa sólo uno de los tres factores que influyen en nuestros destinos.

Considere la suerte del Feng Shui como una especie de apuesta estratégica en relación con su destino, y además es una que usted puede controlar. Construya su entorno de acuerdo con estas reglas y luego siéntese a esperar provisto de una expectativa positiva de éxito. Olvide todo lo que ha hecho para potenciar su Feng Shui; sencillamente, descanse y continúe con sus actividades acostumbradas. Dentro de un año podrá hacer balance de sus progresos hacia la realización como persona, y verá si se siente más a gusto consigo mismo o consigo misma. Si coincidiese con un año de exámenes, considere si han mejorado sus calificaciones. Y si fue un año crucial para la actividad profesional, juzgue si ese año ha aportado cambios positivos.

Cuando se persuada de haber obtenido resultados tangibles y discernibles podrá pasar adelante y emplear los métodos avanzados que van a aportar éxitos y felicidad todavía mayores. Éste es el procedimiento que seguirá para romper las energías negativas que creamos nosotros mismos y que nos perjudican inadvertidamente.

*C*ómo disolver los bloqueos de su espacio

En el espacio que nos rodea existen bloqueos creados por tres fuerzas tangibles o intangibles, a saber:

- ◆ las fuerzas de las estructuras y los objetos físicos y materiales,
- ◆ las fuerzas de los sonidos y del habla y
- ◆ las fuerzas de la mente.

Las fuerzas creadas por los objetos físicos se dominan con más facilidad, puesto que es posible trasladarlos y redistribuirlos para permitir que las energías fluyan de una manera armoniosa y prometedora. Como regla general diremos que se trata de obtener un flujo suave de estas energías, de una manera ondulante y sin sobresaltos, jamás en línea recta ni de una manera impetuosa. Se evitará la presencia de muebles de dimensiones colosales y de columnas o vigas imponentes y amenazantes, que suscitan un ambiente de hostilidad en donde el chi se inmoviliza y queda bloqueado.

Hagamos que el flujo del movimiento dentro de la casa discurra libre de cantos salientes y de vigas vistas que dan pesadez. Si hay columnas que parezcan obstaculizar el flujo, o bien suavizamos sus contornos colocando plantas de interior, o bien las revestimos de espejos para que desaparezcan simbólicamente.

Donde haya aglomeraciones de objetos que bloquean el paso del chi, despejemos. Si las habitaciones se hallan recargadas de mobiliario, regalemos parte del mismo. Si el mobiliario es antiguo y flojean las bisagras, restaurémoslo o renovémoslo cuanto antes. Cuando se atasquen los desagües, que acuda sin demora el fontanero. Que todo fluya suavemente dentro de la casa en todo momento. En esto se resume todo el secreto del Feng Shui.

4 Una abundancia de prestigio personal

De qué sirven los éxitos,
las riquezas y el poder...
si has de llevar una vida
desprovista de honor.
Un nombre limpio
eso te vale las aclamaciones
y lo que hará de ti
un ser humano superior.

Según la tradición china, la vida carece de sentido para el que no disfruta de un buen nombre. La manifestación más preciosa de la abundancia es tener una reputación honorable y el respeto de los conciudadanos. Ésa es la abundancia del prestigio personal, considerada como un elemento clave del éxito auténtico y significativo. El Feng Shui se plantea directamente este aspecto en su clasificación de los ocho tipos de buena suerte que definen las aspiraciones de la humanidad.

Cuando un individuo proviene de una familia cuyo apellido sea respetado en muchas millas a la redonda, y cuyo patriarca sea considerado por la sociedad como dueño de una reputación sin tacha, se considera que aquél ha tenido una gran suerte en la vida. Todos los grandes clásicos chinos y en especial el Libro de los Cambios, el *I Ching*, aluden con frecuencia en sus páginas al hombre superior, y vienen a proponer que el único camino para serlo construirse una reputación de honorabilidad, honestidad e integridad. De ello resulta la buena fortuna del prestigio personal, que crea su propia especie de abundancia en grado sorprendente: de nada vale el dinero por sí solo si no va acompañado de un buen nombre, y todas las demás aspiraciones de la vida, la salud, la familia, los éxitos, etc., también se juzgan vacías si no las acompaña el tipo de abundancia representado por un renombre positivo.

No debe sorprender, por tanto, que una de las manifestaciones más vitales de la buena suerte que contempla el Feng Shui sea la de la aclamación y el juicio favorable. Para alcanzar esa buena reputación, hay que potenciar las energías que favorecen el reconocimiento de nuestras credenciales y virtudes. Manipulamos el chi de la buena fortuna para crear una conciencia general y un reconocimiento de las buenas cualidades que nos adornan. Eso nos vale el respeto de nuestros iguales y nuestros colegas, que cuando va a más significa fama y fortuna universales.

Es la clase de buena suerte que necesitan especialmente los profesionales del espectáculo y los de la política: a los cantantes, los bailarines, los políticos y los actores les conviene potenciar este tipo de buena fortuna Feng Shui. Pero tampoco son ajenos a esa necesidad los profesionales del mundo empresarial. Si la sociedad no nos reconoce como personas íntegras, va a resultarnos difícil el realizar otras formas de éxito y aspiraciones. La gente sencillamente no quiere hacer negocios con personas de mala reputación.

El reconocimiento es una condición necesaria del éxito. Hay muchos que tienen talento, trabajan duro e incluso tienen tan buenas credenciales como cualquier otro, ¡y sin embargo no alcanzan el mismo éxito que éste! Lo que diferencia al gran triunfador del moderadamente triunfador, el mediocremente triunfador y el perdedor, a igualdad de todas las demás condiciones y capacidad de trabajo, es la suerte de haber hallado el reconocimiento ajeno. El ganador o ganadora siempre tiene dos cosas que trabajan a su favor: la primera, la firme decisión de hacer reconocer su valía por los demás, y al nivel más alto. Eso significa que su mente emite energías positivas, que atraen el éxito. De esta manera controlan la buena suerte al nivel humano.

El segundo factor es la posesión de un buen Feng Shui, obtenido controlando la buena fortuna terrestre, y ésa es la que aporta la ventaja extra, aunque intangible. A veces, algunos de ésos han mejorado su buena suerte en dicho sentido sin que nadie lo sepa. Por ejemplo, teniendo una luz muy brillante en el rincón adecuado de su despacho o de su domicilio, sin ir más lejos. Eso puede ser suficiente para potenciar la clase de buena suerte que nos vale el reconocimiento ajeno.

Muchos grandes talentos vegetan o se agostan en la oscuridad, porque nadie los descubrió ni reconoció esos talentos al punto de concederles una oportunidad. Es algo que ocurre en todas las profesiones. Cuanto más reconocidos estén los méritos de un individuo y más se le respete, mayores serán sus probabilidades de éxito. Por esta razón los chinos, cuando aluden a alguien que ha tenido mucho éxito, suelen decir de esa persona que tiene una vida «muy yang». Lo cual deriva de la creencia de que es la preciosa energía yang, tanto la de ese individuo como la de su entorno, lo que incita a los hombres y mujeres que se distinguen por sus obras universalmente reconocidas.

A su vez ello hace referencia al aspecto de lo luminoso y lo activo en la cosmología yin-yang que expresa la totalidad del universo. Yin y yang son los dos polos del espectro cósmico de la existencia. Las energías yin y yang son de signo opuesto, pero no contrarias, sino complementarias, ya que cada una de ellas da existencia a la otra. Yin describe lo oscuro y simboliza la inactividad y la muerte, mientras que yang representa lo brillante, la vitalidad, la actividad y el progreso. También se dice que yang es vibrante y cálido, y esa modalidad expresa elocuentemente todo lo que la vida tiene en cuanto a abundancia y energía.

Llevar una vida muy yang sugiere una existencia próspera. Las moradas de los vivos se describen como casas yang. El buen Feng Shui consiste en crear el equilibrio óptimo entre el yin y el yang, lo cual, tratándose de moradas de los vivos, supone la necesidad de una mayor dosis de yang que de yin. Pero es menester que el yin nunca resulte disminuido hasta el punto de la desaparición. Cuando el yin deja de existir por completo también el yang se desintegra, porque el uno confiere entidad al otro. El matiz de la cosmología yin-yang es, por consiguiente, una línea divisoria muy fina, que obliga a sopesar delicadamente el equilibrio. Es importante la presencia de una energía yang fuerte, pero en todo momento hay que asegurar que también esté presente la energía yin.

*C*ómo activar la suerte de la buena reputación

Este tipo de Feng Shui requiere una abundancia de energía yang y ésta podemos crearla de diferentes maneras. No es difícil generar energía yang, y ello suele ir vinculado a dos técnicas principales: la utilización del elemento fuego y especialmente del color rojo, y la potenciación del rincón sur de la estancia.

Si nos basamos en la disposición del Cielo Posterior del Pa Kua, el trigrama asociado al prestigio, el respeto y la fama es *li*. Que también significa fuego, y ocupa el sur del Pa Kua yang. Traducido a términos de Feng Shui, esto significa que la parte meridional de cualquier vivienda es la que mejor representa la reputación y la fama. Si se dispone esa parte de tal manera que disfrute de un buen Feng Shui, el patriarca de la casa (y también toda la familia) disfrutarán de una fortuna propicia a la reputación excelente, la que se expresa mediante grandes honores y aplauso general.

Una buena manera de activar el Feng Shui de la buena reputación es invertir en la compra de un bello candelabro de cristal, el cual colgaremos en la estancia correspondiente al sur. Es el potenciador más eficaz que se conoce para crear esa forma de buen Feng Shui que es la abundancia del aplauso ajeno. O mejor dicho, si se mantiene encendido la mayor parte del día y de la noche nos aportará bastante más que una buena reputación. Ocurre así porque se crea una poderosa energía yang que atrae sobre la casa una estupenda buena fortuna. Y no se preocupe por la factura de la electricidad porque el éxito que va a suponerle ese candelabro compensará sobradamente el gasto de tenerlo encendido todas esas horas.

El segundo procedimiento para potenciar la suerte favorable a la reputación sería pintar de un rojo muy brillante esa sección de la casa. Si tenemos

El trigrama de la fama

El trigrama de la fama y de la aclamación es *li*, y su figura consiste en una línea yin quebrada puesta entre dos líneas continuas. Este aspecto viene a expresar un exterior firme y sólido, y un interior delicado y vulnerable. Así es la naturaleza de las reputaciones públicas. En todo caso simboliza el brillo del fuego y la radiación del sol. Representa la gloria, la adulación y el aplauso de las masas, el calor y la actividad. El significado de este trigrama es el de una gran personalidad que perpetúa la luz elevándose a sí misma a la eminencia. Su nombre y su fama iluminarán los cuatro rincones del universo. A todos deslumbrará con sus obras y sus hazañas ejemplares.

A fin de cuentas este trigrama también simboliza el relámpago, lo cual nos proporciona una imagen del brillo intrínseco y deslumbrador que se ambiciona. Para activar este trigrama en la pared sur de nuestra casa, podemos incorporar el dibujo de las tres líneas de su figura en la ornamentación de techos, puertas y muebles.

un gabinete de trabajo orientado al sur, por ejemplo, no sería mala idea pintar las paredes de un rojo bermellón. El rojo es un color poderosamente yang y asociado desde siempre a la fortuna de la buena reputación. Si no nos gustan de color rojo intenso las paredes del lugar en donde trabajamos, podemos sustituirlo por un rojo claro o tirando a color ladrillo. Puede parecer una coloración algo violenta y chillona, pero si lo hace le sorprenderá notar la oleada de energía que le envuelve. Ésta es la energía yang, que agita los sentidos.

Para incrementar esta sensación se puede colgar además un petardo simulado, como los que cuelgan de sus umbrales los chinos durante las fiestas del Año Nuevo lunar, a fin de crear un gran ruido simbólico. El de los petardos es un símbolo muy yang porque una detonación fuerte se asocia con el trueno y se vincula por analogía con el ascenso de un individuo a la eminencia. Por consiguiente, nos hallamos ante un excelente potenciador capaz de crear activamente la buena suerte de la aclamación ajena.

Y por último, suponiendo que nada de eso le parezca bien, también puede colgar un cuadro que represente una salida del sol, o un campo de girasoles en plena formación. Pero si decide aplicar esta última solución procure que esté bien realizada, porque los girasoles abiertos significan prosperidad mientras que cerrados y alicaídos aluden a una reputación que está a punto de quedar muy menoscabada. De manera similar, si colocamos unas flores frescas al sur inyectaremos mucho yang, pero cuando esas mismas flores empiecen a mustiarse pasarán a ser yin y deben cambiarse antes de que tal cosa ocurra. En vista de lo cual suele aconsejarse reemplazarlas por un cuadro que represente un jarrón con flores, o poner unas flores artificiales. Dicho esto, hagamos constar que el objeto real siempre es más potente. Sólo hay que tener la perseverancia de cambiar el agua a las flores y poner otras frescas cuando las anteriores se hayan marchitado.

Cómo contrarrestar el Feng Shui deficiente

Si el sector sur tiene mal Feng Shui la mala suerte prevalecerá y los habitantes de la casa tendrán dificultades para hacerse respetar por sus conciudadanos y conocidos. La gente los mirará por encima del hombro y no podrán evitarlo por más que se esfuercen. A veces, cuando el Feng Shui de ese rincón está muy mal aspectado, el patriarca de la familia padece grave daño en su prestigio, como podría ser el verse atrapado en un escándalo o algo peor, como ser condenado por estafador o malversador de fondos, lo cual acarrearía el deshonor del apellido. En general, lo mínimo que puede ocurrir cuando se tiene un rincón sur afligido es que los enemigos hablen mal de la familia. Impera una sensación de malestar difuso.

Se dice que el rincón sur está seriamente afligido cuando aparece abrumado por las energías yin y recibe además dosis severas de shar chi o aliento letal. El exceso de energía yin en el sur puede ser debido a la presencia demasiado numerosa de símbolos del elemento agua. Por ejemplo, cuando hay una preponderancia de los colores azul y negro, con exclusión de los colores yang, se dice que la energía es demasiado yin. En los espacios demasiado abarrotados también predominan las energías yin sobre las yang. Y por último, queda comprometida la buena fortuna del sur cuando se localizan en él unos sanitarios que se usen con mucha frecuencia. Si resulta que al mismo tiempo el patriarca de la familia tiene su habitación orientada al sur, habrá mala suerte en relación con su reputación. En esto pueden darse manifestaciones leves, por ejemplo que se le atribuya un carácter difícil o que no agrade trabajar con él, pero también son posibles formas mucho más severas.

De hecho, la manera en que se manifiesta esa mala suerte también depende de otros factores, como son la fortuna celestial del patriarca y su carta astrológica, y también la fortuna celestial colectiva de la familia. Los budistas, por su parte, tienen la doctrina del karma, en donde los reveses de la fortuna y especialmente los asociados al colapso del buen nombre se consideran expresiones de la maduración de un karma negativo.

La presencia de flechas envenenadas dentro de la casa origina el aliento letal o shar chi, sobre todo cuando incide en la parte meridional. Ello puede ser debido a toda una serie de rasgos, siendo los más destacados las columnas o pilares cuadrados con bordes afilados, y los rincones salientes. Otra causa de flechas envenenadas es la presencia de un flujo de energía rectilínea y amenazante, debida a una alineación de tres puertas seguidas, o también podría ser un pasillo largo y orientado hacia el sur. Si estas aflicciones del Feng Shui no se corrigen procurando ralentizar el flujo, puede ocurrir que el sector sur de la casa quede afectado por esa configuración desfavorable.

Por lo general será posible disminuir la velocidad de circulación de la energía mediante la colocación estratégica de plantas de adorno y carillones, o revistiendo los cantos afilados para redondearlos, ya que éstos son procedimientos muy eficaces para difuminar la energía letal. Por ejemplo, si colocamos plantas de interior haremos que envuelvan las esquinas y los pilares; de este modo la planta absorbe la energía letal que aquéllos emiten. Ante el permanente ataque de la energía letal las plantas suelen languidecer y secarse, por lo que será necesario cambiarlas cada dos o tres meses.

Si utilizamos un carillón para quitar velocidad a la energía de un pasillo largo, que sea uno de cinco varillas; son éstos los que tienen la energía antídoto del chi letal. También existen carillones de seis, ocho o nueve varillas, que son los utilizados para generar chi positivo a fin de potenciar la fortuna; de ésos trataremos más adelante.

Las luces también son muy eficaces para atenuar la energía perjudicial. Una casa o un piso bien iluminados suelen tener mejor Feng Shui que las viviendas lóbregas donde uno apenas se atreve a dar un paso. Los habitantes de éstas suelen sufrir toda clase de dolencias, salvo si aprovechan las horas diurnas para abrir ventanas y dejar que entre el sol en la casa.

*C*ómo potenciar con luces la aclamación ajena

Pero hay otro empleo mucho más idóneo de las luces, y es aplicarlas a crear la especie de iluminación doméstica que funcionará como un poderoso imán para la aprobación y el prestigio. Lo cual no significa necesariamente que vayamos a iluminar con proyectores toda el ala sur de la casa; a decir verdad, yo casi nunca recomiendo el empleo de focos potentes porque vienen a crear una situación de exceso de la energía yang. Los proyectores deslumbran y sucede lo mismo que cuando miramos de cara al sol, que nos abrasa la vista. Hay que atemperar el empleo de la iluminación con la necesidad de un buen equilibrio entre las energías yin y yang.

Ya he mencionado mi gran preferencia por los candelabros de cristal. Las facetas del cristal tallado reflejan la luz de una manera que crea exactamente el tipo de energía que se solicita. Son costosos, sin embargo. Si no podemos permitirnos ese lujo, cuidemos al menos de tener bien iluminado el rincón sur mediante una luz hábilmente colocada y que alumbre indirectamente el techo. De esta manera se engendra una sensación de movimiento de la energía en sentido ascendente. El techo estará pintado de blanco, lo cual dará también la impresión de que hemos aumentado el caudal yang. Los colores blanco, amarillo y rojo son manifestaciones del principio yang.

Si tenemos un jardín, también es buena idea mantener bien iluminada la parte sur del mismo. En mi casa, el sector sur del jardín se mantiene potenciado día y noche porque he ubicado allí la caseta de los perros. El ladrido de los perros representa la actividad y es una energía yang excelente. También tengo encendidas toda la noche las luces del lado sur de la casa. Necesito esa energía yang para que me traiga suerte en mi carrera como escritora.

*L*a preciosa energía yang del fuego

La otra manifestación de la energía yang ideal para las partes de la vivienda orientadas al sur es el fuego. Por consiguiente, la presencia de una chimenea y su localización en las viviendas del hemisferio norte, cuando el invierno aporta tremendas cantidades de energía yin fría, reviste suma importancia.

Una chimenea instalada en la pared de la sala de estar orientada a mediodía será lo más ideal y de mejor augurio. Además de generar la energía propia del elemento fuego durante los meses yin, que son los del invierno, la chimenea también potencia el tipo de buena suerte que nos concita el respeto de los demás. También son de buen augurio cuando se ubican en paredes orientadas al sudoeste o el nordeste, y no tan favorables si se instalan en la pared norte de una habitación.

Si no tenemos chimenea ni posibilidad de instalarla, podemos buscar un rincón al sur donde se tengan unas velas encendidas. Yo tengo en el lado sur de mi sala de estar un pequeño altar donde presento mi modesta ofrenda cotidiana. Allí es donde enciendo las velas y aunque la finalidad principal de éstas es servir de ofrenda al objeto sagrado puesto en ese rincón de la habitación, al mismo tiempo contribuyen a crear la energía yang beneficiosa para mi familia. Pero si decide encender velas, recuerde que las llamas siempre deben tratarse con precaución y que nunca se debe dejar nada encendido si vamos a ausentarnos de esa estancia.

Cómo dar energía al fénix

El sur es también la morada del fénix, uno de los cuatro animales celestes del panteón Feng Shui. El fénix es el rey de todas las criaturas aladas que vuelan y surcan los cielos. Cuando se coloca simbólicamente el fénix delante de la casa y enfilando directamente la puerta principal, se dice que atrae la buena fortuna de las oportunidades. En el Feng Shui de la escuela paisajística, o de la forma, la presencia del fénix queda aludida por la de una pequeña elevación del terreno delante de la puerta.

Se cree que el fénix tiene abundante energía yang y tan potente, que le confiere fuerzas para elevarse por encima de las circunstancias más míseras. Se dice que tiene el poder de resucitar de entre el calor del fuego y de sus propias cenizas para remontar el vuelo hacia las alturas. Esta leyenda del fénix aporta un tremendo poder simbólico a su imagen, sobre todo si la activamos a mediodía. Si colgamos en la pared orientada al sur de nuestro gabinete un cuadro que represente el fénix carmesí, recibiremos el tipo de buena fortuna que impulsará nuestro prestigio. El mismo procedimiento también puede aplicarse en el recibidor y en la sala de estar, pero nunca en las habitaciones. Un fénix rojo en nuestro dormitorio nos induciría tanta actividad mental que no conseguiríamos conciliar el sueño.

También pueden utilizarse a buen efecto los simulacros del fénix. Si casualmente somos del año del Gallo según el horóscopo chino, podemos tener una fotografía o una pintura, o incluso una figura que represente a ese orgulloso animal en la parte sur de nuestra sala de estar.

Para ser exactos, el gallo está descrito como el homólogo terrestre del fénix, que es una criatura celeste. El aspecto del gallo simboliza muchas virtudes. Su cresta se considera un emblema del talento literario, y sugiere afición al estudio académico y erudición. Los espolones de sus patas simbolizan la valentía y el arrojo frente a las dificultades. Su fiabilidad nos la dice el hecho de que nunca olvida anunciar el amanecer de un nuevo día. De manera que al exponer la imagen de un gallo en el rincón sur de nuestra sala de estar simbolizamos estas virtudes, y atraeremos con seguridad el reconocimiento positivo de las nuestras por parte de todos los demás.

Otro ser alado que se considera de excelente augurio es el bello y prodigioso pavo real. Las plumas de este pájaro simbolizan las hazañas que consiguen hacerse reconocer. Por eso las plumas del pavo son amuletos en virtud de los cuales el patriarca de la familia será distinguido con grandes honores. Si no conseguimos encontrar ningún cuadro que represente un pavo real, podemos utilizar las plumas para confeccionar un motivo ornamental y colgarlo en la pared orientada al sur.

5 *Una abundancia de éxito*

*El Feng Shui interior
potencia la armonía
entre la conciencia interior
y el plano físico, externo,
de tu espacio personal.
Purificar la mente
no importa menos
que purificar el espacio.*

E l Feng Shui se ocupa mucho del éxito y de cómo alcanzarlo. Si usted dispone el espacio que habita con arreglo a los principios del Feng Shui, vivirá en medio de un aura de éxito, que también aporta su propio género de abundancia. Ya que el vivir sumergidos en la certidumbre del éxito produce a su vez un aura de gran aplomo que a su vez engendra una actitud positiva. Y ésta, en consecuencia, multiplica los éxitos. Es como entrar en una espiral cada vez más acelerada de movilidad ascendente. De esto resulta una felicidad que resulta muy contagiosa y además crea hábito. La felicidad llama a la felicidad. Por eso, si usted quiere llevar la prosperidad y el júbilo a su vida, tenga en cuenta lo siguiente: ¡esto de ser feliz hay que proponérselo!

Las personas enfocadas hacia el éxito rara vez permiten que las pequeñas contrariedades las irriten ni las distraigan. Ellas viven atentas a la perspectiva más amplia y es raro que nada consiga romper la armonía de las energías de que se rodean suscitando un desahogo de cólera. Su actitud mental es un reflejo del Feng Shui interior que practican inconscientemente, y que se equilibra bellamente con el Feng Shui del espacio físico que las rodea. Con la expresión Feng Shui interior aludimos al estado de equilibrio mental que es consecuencia de una disposición sosegada y relajada. La meditación ayuda a crear esta disposición, y también se consigue mediante visualizaciones adecuadas que tranquilizan los espíritus internos.

La energía para el éxito debe ser creada tanto internamente como externamente. No podrá usted alcanzar resultados óptimos hasta que su fuero interno refleje un estado de equilibrio similar al del entorno físico exterior. Si practicamos el Feng Shui para cultivar ese estado de equilibrio en el espacio exterior que nos rodea, debe hacerse siempre en paralelo con un esfuerzo auténtico por crear un equilibrio interno. Lo uno contribuye a lo otro; por tanto, aportemos una actitud sosegada y confiada a nuestros esfuerzos por llevar el chi del éxito a nuestro espacio circundante personal.

La creación del equilibrio empieza por dilucidar en nuestro interior qué es lo que significa el éxito para uno, personalmente. Siempre vale la pena meditar las cosas antes de embarcarnos en nada. Lo mismo sucede con la reordenación de nuestro espacio interior a fin de atraer el éxito. El establecimiento de unos objetivos claros facilita enormemente el proceso de actualización. El pensar esos objetivos a fondo aportará claridad a nuestra mente y hará que veamos con exactitud los diferentes niveles y las dimensiones de nuestras ecuaciones de éxito.

En el comienzo no vamos a preocuparnos de cómo alcanzaremos esos objetivos. Basta con fijar la atención en los resultados finales que deseamos. Así la mente genera energías positivas y éstas siempre se combinarán a manera útil con los flujos de energía positiva de nuestro entorno. La alianza de esos dos conjuntos de energías armonizadas facilitará la realización de lo deseado.

Generar energía positiva viene a ser como un Feng Shui interiorizado, puesto que se trata de ordenar panoramas mentales en los que uno se sitúa como protagonista central y recibe las vibraciones de su entorno personalizado. También es útil dirigirse uno mismo exhortaciones de marcado sentido positivo. Usted debe creer en sí mismo, o en sí misma, y en su capacidad para realizar todo lo que se proponga. Sólo entonces el Feng Shui interior encajará positivamente con el Feng Shui del espacio físico que le rodea. Recuerde que las energías positivas creadas por la propia mente son muy poderosas, pero también lo son las negativas. Si no tiene fe y confianza en sus propios recursos, estará saboteando sus propios esfuerzos por mucho que persevere.

Si desarrolla usted un programa de afirmaciones verbales positivas de manera que vayan penetrando en su mente subconsciente, irá comunicando cada vez más potencia al motor interno de sus energías para el éxito. Recuerde que cualquier aserto positivo es un refuerzo y que puede usted crear ese programa de energías para el éxito de cualquier manera que le convenga y le resulte cómoda.

Puede uno condicionarse para pensar esas afirmaciones positivas por la mañana al levantarse, o al final de la jornada, justo antes de acostarse. Las puede convertir en una rutina diaria. En cualquier caso, la idea consiste en reafirmar la fe en uno mismo o una misma. Que usted puede tener éxito, y además merece tenerlo.

Confortados por estas afirmaciones cotidianas, la práctica y los remedios del Feng Shui nos parecerán bastante más divertidos porque los abordaremos desde una actitud más relajada. Como resultado, cualquier cosa que hagamos desde el punto de vista del Feng Shui sin duda resultará más exacta y más correcta, con lo cual mejoramos nuestras probabilidades de éxito. Además imbuiremos todo lo que hagamos de una saludable dosis de energía positiva, y eso debe acelerar los efectos y la potencia de nuestra práctica del Feng Shui. ¡Si lo hace así, no puede fallar de ninguna manera!

*A*lejar las negatividades que bloquean el éxito

Una parte vital del ejercicio de programación positiva es la que estriba en rechazar las energías negativas que obstaculizan la consecución del éxito. Existen dos técnicas excelentes para despejar la mente de bloqueos que impiden el libre flujo de las energías positivas y ganadoras.

La primera consiste en un «baldeo» mental general. En el transcurso de los años todos nosotros acumulamos un lastre de muchas toneladas de desechos mentales que constituyen bloqueos en nuestro psiquismo. Y estos bloqueos nos impiden alcanzar los objetivos, al reducir el caudal de la energía no sólo en nuestro fuero interno, sino muchas veces incluso en el plano físico. Tales bloqueos vienen a ser lo mismo que energías letales y hay que disolverlas a fin de asegurar el libre flujo de las energías positivas.

¿Cómo se constituyen y acumulan esos bloqueos mentales? Con frecuencia son debidos a emociones reprimidas como el miedo, los remordimientos, el resentimiento y la frustración producidos por las decepciones, por la pérdida de seres queridos o las injusticias sufridas o percibidas. Pero la causa principal suele ser la constante programación negativa, verdadero lavado de cerebro a que muchos nos hemos visto sometidos y sometidas desde la infancia.

En efecto muchos tenemos un historial de toda una vida de programación negativa. Creemos que el mundo es un valle de lágrimas. Que la vida es lucha constante. Que es noble sufrir. Que estamos condenados a seguir siendo pobres si nacimos pobres, que la obligación es antes que la diversión, que es peligroso enamorarse porque seremos engañados, que toda política es corrupción, que el dinero es la raíz de todo mal y que todos los destinos están escritos.

Éstas son creencias y nada más, sin embargo. Desde luego no son verdades objetivas, o no necesariamente. Parecen ciertas, pero sólo mientras nosotros creamos que son ciertas. Los bloqueos mentales de este tipo suelen hallarse firmemente arraigados y son de eficacia negativa. Son impedimentos emocionales que frenan nuestra iniciativa inherente y suprimen nuestra vitalidad natural, la energía yang intrínseca. Su presencia es contraproducente en relación con cualquier medida de buen Feng Shui que vayamos a adoptar, excepto si conseguimos despejar nuestras mentes con anterioridad.

Sin duda no es difícil entender cómo estos bloqueos emocionales perjudican a la autoestima de las personas. En cierta medida, esa marea de incertidumbre y el sentimiento de inadecuación personal impedirán que entre por nuestra puerta ninguna posibilidad de éxito. Son como barreras que impiden que la casa admita las energías beneficiosas aunque éstas pugnen por entrar. Así ocurre a menudo que el miedo al fracaso, al ridículo o al desprestigio es tan fuerte como si estuviese esculpido en piedra y deviene un obstáculo real para el éxito, ¡como si se hubiese alzado una gran montaña delante de nuestra puerta principal!

Para movilizar el flujo de la energía es necesario eliminar esos voluminosos bloqueos. Hay que cambiar esas creencias negativas y eso lo conseguiremos por medio de lo que hemos llamado un «baldeo» general. Para realizarlo con eficacia empezaremos por aceptar aquello que nos limita en cuanto a actitudes y creencias. Identifiquemos la verdadera naturaleza de nuestros temores. Muchas veces basta con fijarse en esas creencias limitativas y asumir las sensaciones que las rodean para conseguir que la actitud negativa se disuelva y desaparezca. En eso consiste la limpieza general y funciona como una magia que disipa las barreras invisibles, pero poderosas, que nos impedían movernos.

El baldeo general mental produce además una exaltación maravillosa, por cuanto transforma nuestra manera de ver el mundo y a nosotros mismos. Nos aporta lo que siempre nos hizo falta para ser como queríamos, y que teníamos a nuestro alcance pero no nos atrevíamos a reclamar. Una vez impuestos en esa actitud la práctica del Feng Shui se realiza con extraordinaria facilidad y además disfrutaremos implantando esas recomendaciones útiles. Al mismo tiempo nuestro criterio nos permitirá descartar aquellas otras recomendaciones que no sean practicables para nuestra vivienda y entorno, sin caer en cavilaciones excesivas por si hemos acertado en la elección o no.

Además de la limpieza general mental es también aconsejable despejar todas las demás barreras, es decir, la impedimenta emocional que arrastramos por la vida. Con lo cual me refiero principalmente a los resentimientos y otras elucubraciones similares, como el afán de venganza, que nos chupan nuestras energías. Eso de guardar rencor a los que nos han agraviado, maltratado o calumniado, realmente agota y además crea una constelación negativa.

Es verdad que usted tiene muchos motivos para sentirse agraviado o agraviada. Su cólera está justificada. Permítame que le diga, sin embargo, que es mucho mejor perdonar y desembarazarse de ese género de ideas. El perdón origina una liberación extraordinaria; es como si abriéramos las compuertas de un gran embalse de energías negativas represadas. Para muchos el proceso resulta milagroso en cuanto se liberan del lastre de la hostilidad y los resentimientos acumulados. A veces describen esta experiencia comparándola con un saco pesadísimo que se hubiesen quitado de las espaldas.

Estos ejercicios de higiene mental con frecuencia produce la desaparición de obstáculos e impedimentos físicos, como por arte de magia e incluso en abierto desafío a la lógica tradicional. Recuerdo que una vez tuve frente a mi puerta principal un árbol que enviaba una singular y muy perniciosa flecha envenenada hacia mi casa. Lo más sencillo habría sido talarlo, pero el árbol crecía en el jardín de un vecino y eso no podía hacerse. Lo cual me tenía llena de un intenso resentimiento. Como no soy partidaria de utilizar un espejo Pa Kua, decidí que la única solución consistía en colgar un carillón en el umbral de mi puerta para que desviase al menos una parte de la energía nociva. Hecho esto, me olvidé del árbol por completo.

Mentalmente me había despedido del árbol y no quise albergar más sentimientos negativos al respecto. Pues bien, lo crean mis lectores o no, al cabo de unos dos meses el árbol que tanto me había preocupado empezó a desmejorar, ¡hasta secarse del todo y fenecer!

Podríamos preguntarnos si eso lo hizo el carillón de mi puerta o mi actitud mental de desentenderme del árbol. Creo que fue una combinación de ambas cosas. Al desentenderme, desviaba la energía negativa, y el carillón devolvió físicamente todas las energías negativas que se encaminaban hacia mi puerta.

Definir lo que significa el éxito para nosotros

Antes de pasar a considerar los métodos para la disposición del espacio físico según los métodos Feng Shui para atraer el éxito, nos queda una última preparación. Se trata de despejar mentalmente las energías negativas que quizá nos envíen otros protagonistas presentes en nuestra composición de lugar, al tiempo que reforzamos las energías positivas que quizá nos envíen otras personas deseosas de favorecernos.

Básicamente, estamos encarando con esto la cuestión de lo que en Feng Shui se describe como los diabólicos y los celestes de nuestra vida. Por lo general el éxito de los individuos, lo mismo que el de las empresas, depende de la medida en que el esfuerzo sea saboteado por los diabólicos o favorecido por los celestes. Nuestro éxito depende con frecuencia de la aprobación, el consentimiento o la ayuda de determinadas personas que pueden estar a favor nuestro, o en contra. Todo el mundo tiene sus admiradores y sus enemigos. Por eso es aconsejable realizar ejercicios de despeje (véase recuadro en la página siguiente) para difuminar las energías negativas que envían los diabólicos.

Dilucidar lo que significa el éxito para nosotros es el paso siguiente en el condicionamiento mental para el éxito. No hará falta insistir aquí en que el éxito significa cosas diferentes para las distintas personas, y si vamos a utili-

Ejercicio de despeje

Para practicarlo enviamos mentalmente símbolos de amor, de paz y de buen entendimiento hacia todas las personas de quienes pensamos o tenemos motivo para creer que guardan hostilidad contra nosotros (y quizá estarían dispuestas a perjudicarnos). Visualice bandadas de palomas blancas, corazones y hasta besos que emanan de usted hacia los adversarios. Note el alivio como un gran suspiro.

En cuanto a los enemigos más empedernidos e irreconciliables, podemos intentar el pequeño ritual siguiente. Escriba sus nombres en un pedazo de papel y, si le parece, también la causa y la naturaleza de la enemistad en cada caso. Con frecuencia, el simple hecho de consignar por escrito los detalles exactos suscita una renovación de nuestros puntos de vista sobre la situación. Luego, desentiéndase mentalmente de todo mediante el acto simbólico de arrojar el papel, o si prefiere algo más fuerte, imbúyalo de energía yang por el procedimiento de quemarlo.

Estos actos de despeje mental de los bloqueos que implican a terceras personas le ayudarán a desbrozar el camino y recibir la ayuda cósmica cuando empiece a potenciar mediante el Feng Shui la energía de la buena fortuna que conduce al éxito.

zar el Feng Shui, conviene echar una ojeada a lo que significaba para los sabios antiguos. Cuando los viejos textos nos hablan de una gran buena fortuna o prosperidad, ¿qué querían decir exactamente con sus extravagantes descripciones? ¿Acaso no hay diferencias culturales entre el Oriente y el Occidente, por lo que respecta a las definiciones del éxito? A eso yo contestaría que no, aunque puede diferir la prioridad concedida a las diferentes aspiraciones. Esas diferencias no plantean dificultad, si tenemos claro cuál es el tipo de éxito que engendraría para nosotros la sensación de prosperidad o plenitud.

La mejor manera de dilucidar nuestro propio pensamiento sería sentarnos y escribir de una manera organizada qué es lo que deseamos de la vida. No hace falta ser demasiado complicado, ni profundo. Declaremos nuestras aspiraciones de la manera más sencilla y explícita, pero de manera que queden claras y, sobre todo, señalando prioridades también claras. Clasifiquemos nuestras definiciones del éxito por capítulos que tengan sentido, y por orden de la importancia que tengan para nosotros. Es decir, definir el éxito en función del dinero, la carrera, el estilo de vida, las propiedades, el reconocimiento, la consecución de metas profesionales concretas, las victorias, o mantenerse en forma y presentar un estado físico magnífico.

La relación antedicha es sólo una sugerencia acerca de las posibles maneras de considerar el éxito, y el individuo corriente seguramente diría que lo quiere todo, o casi todo. Lo único que puede plantear alguna duda es el orden de prioridades entre todas esas cosas, pero si dedicamos algún tiempo a reflexionar sobre ello, lo tendremos claro y podremos alcanzar resultados más óptimos con el Feng Shui de la buena fortuna.

En efecto, muchas veces la práctica ha de ser muy exacta y precisa, y se darán situaciones que nos obligarán a elegir qué tipo de éxito deseamos activar. En un momento dado puede ocurrir que no sea posible triunfar en dos cosas a la vez y que sea preciso escoger. Por ejemplo, si seguimos la escuela Feng Shui de las ocho mansiones tenemos cuatro rumbos favorables para elegir, cada uno de los cuales simboliza un tipo de éxito diferente. Pero sólo podemos dormir con la cabeza orientada a un punto cardinal determinado, por ejemplo, y así nos vemos forzados a decidir qué dirección corresponde mejor a lo que deseamos. Lo mismo sucede a la hora de escoger qué estancia nos va a servir de gabinete, o de dormitorio, puesto que según esté orientada llamará a distintos tipos de buena suerte.

Por ejemplo, si nuestro número kua es el 1 y deseamos potenciar la plenitud personal, tendremos que aprovechar las posibilidades del rumbo norte si nos atenemos a lo descrito en las páginas 66-68. Pero si preferimos potenciar nuestro sheng chi o rumbo propicio al éxito y a la riqueza, deberíamos orientarnos al sudeste (véanse pp. 93-95). Para la buena salud, el rumbo más prometedor sería el este (cf. pp. 103-105), y para crear una abundancia de amor, hay que potenciar el sur (cf. p. 127).

Al planificar conscientemente lo que esperamos de la vida hemos realizado ya una serie de decisiones inherentes. Esto añade al proceso energías vitales para el éxito. Ahora que el lector o lectora habrá puesto en orden sus ideas, pasaremos a estudiar algunas técnicas de Feng Shui esenciales para rodearse de energías exitosas. También puede ir directamente a los capítulos que exponen con más detalle lo que usted desee conseguir.

*C*ómo crear una puerta principal ganadora

La puerta principal es probablemente la parte más importante de nuestra casa desde el punto de vista del Feng Shui. Es el *kou*, o boca de nuestra morada yang, por donde entra y se acumula todo el chi de la buena suerte destinado a ella.

La puerta principal es la más utilizada para entrar y salir de la casa o piso. No es una verja exterior, y no es ninguna de las puertas laterales o traseras. Dicho sea de paso, si tiene usted una verja por donde se accede a su casa ésta merece también atención y protección, pero el interés mayor debe permanecer reservado a la puerta principal. De manera similar, si vive usted en un edificio de pisos, su puerta principal no es la entrada general del edificio, pero también ésta es importante en el sentido de que, en caso de estar mal aspectada, todos los vecinos de ese edificio notarán las consecuencias negativas que la afligen.

Intente realizar la mayor parte posible de las disposiciones descritas en el recuadro de la página siguiente. Cuando se haya persuadido de que su puerta principal no está afligida en ninguna manera, puede proceder a estudiar los diversos procedimientos para potenciarla de manera que le aporte la buena suerte del éxito. Pero no debe estar afligida, en caso contrario serían inoperantes todas las medidas que tomásemos, al recibir constantemente el impacto de unas energías perjudiciales.

Aprovechar nuestro rumbo óptimo debe ser probablemente la mejor solución para la puerta principal. Este método se basa en la fórmula de las ocho mansiones que, a su vez, toma como dato originario el número kua del consultante. Vea la página 65 para averiguar su número kua y luego la tabla de la página 95 para saber cuál es la orientación óptima para usted en términos de éxito y riqueza. Este rumbo es lo que se llama su sheng chi, y si la puerta está dispuesta de modo que mire hacia allá, usted disfrutará de buena fortuna abundante en lo que se refiere a los éxitos. Pueden adoptar la forma de un aumento de los ingresos corrientes, por ejemplo, o la de un señalado progreso en su carrera profesional.

Directrices generales sobre la puerta principal

- La puerta principal debe ser maciza, sin paneles de vidrio ni de plástico transparente.
- Las puertas de dos hojas son preferibles a las puertas sencillas. Las de doble batiente pueden ser asimétricas siempre que sea la hoja grande la más utilizada para entrar y salir habitualmente.
- La puerta principal nunca debe estar expuesta al impacto directo de flechas envenenadas presentes en el entorno exterior. Por tanto, conviene verificar que la puerta principal no mire hacia una calle o una carretera rectilíneas que parezcan apuntar a ella. Si esa vía rectilínea discurre a un nivel más bajo que el de la puerta el caso no es tan gráve; caso contrario será vital colgar un espejo Pa Kua. Tampoco debe enfilar nuestra puerta una esquina de la casa de enfrente, ni otras formas triangulares como las aristas de los tejados a dos aguas. Las calles y los tejados en disposición agresiva son de lo más perjudicial para las puertas principales. Hay que estar atentos a esas circunstancias.
- La puerta principal debe enfrentar un espacio abierto, lo que se llama el efecto del Salón Iluminado y es de muy buen augurio. De ahí el enorme beneficio que reciben las casas cuya puerta principal abre hacia unas pistas deportivas o unos terrenos no edificables.
- La puerta principal no debe mirar hacia un terreno que esté a nivel superior. Si la parcela en donde se alza la casa tiene pendiente de tal manera que el suelo de la parte posterior quede a un nivel más bajo que el de la entrada, la situación es muy desfavorable y sería preciso cambiar la orientación de la puerta reformando la casa de modo que abra hacia otro lado. O bien, colgar un espejo de respetables dimensiones que refleje esa elevación de enfrente. Sea como fuere la configuración es desfavorable y no se debe demorar demasiado la puesta en práctica del remedio.
- El mobiliario exterior, por ejemplo el del jardín, no debe obstaculizar el acceso a la puerta principal. Los bloqueos físicos se traducen con excesiva facilidad en impedimentos vitales y sería muy difícil que alcázasemos el éxito en ninguna de nuestras empresas.
- Cualquier sendero o calle de acceso a nuestra puerta principal debería formar un arco, o preferiblemente incluso varios meandros. Un camino recto y dirigido perpendicularmente hacia la puerta sería lo mismo que disparar contra ella ráfagas de energía letal. El camino de acceso no debe estrecharse ni ensancharse en llegando al umbral; es mejor que su anchura se mantenga constante en todo el recorrido. Es de buen augurio alumbrar dicho camino mediante faroles colocados estratégicamente.
- La puerta principal no debe dar directamente a un sanitario, un tramo de escalera, una alineación rectilínea de dos o más puertas interiores, ni un espacio excesivamente abarrotado. Al abrir la puerta no debe verse una pared con un espejo colocado exactamente enfrente, ya que reflejaría toda la buena suerte incidente y ésta volvería a salir.
- Para el buen augurio, es aconsejable que la puerta principal esté bien iluminada por dentro y por fuera. Un recibidor bien alumbrado atrae el chi y si la puerta se abre en la esquina sur de la casa o mirando hacia ella, esa iluminación será doblemente auspiciosa.
- La puerta principal nunca debe localizarse directamente debajo de unos sanitarios pertenecientes a la planta superior. Ésa es una situación de muy mal augurio y los habitantes de tal vivienda padecerán mala salud. El éxito se les resistirá y no tendrán prosperidad. Una manera de paliar este problema es instalar una luz fuerte que alumbre hacia arriba, apuntada al lugar afectado, pero esto lo consideraremos como una solución sólo temporal, hasta que sea posible abordar reformas que solventen la cuestión definitivamente.

Establezca su rumbo sheng chi

Su número kua	Rumbo de éxito o sheng chi	Diseño óptimo de la puerta	Color óptimo para la puerta
1	sudeste	rectangular	verde, marrón claro
2	nordeste	cuadrada	tierra, ocre
3	sur	triangular	rojo, castaño
4	norte	ondulada	negro, azul
5	nordeste los hombres, sudoeste las mujeres	cuadrada	tierra, cobre
6	oeste	redonda	blanco
7	noroeste	redonda	blanco
8	sudoeste	cuadrada	tierra, ocre
9	este	rectangular	verde, marrón claro

Basándose en la tabla, usted puede consultar las dos últimas columnas en busca de ideas sobre cómo potenciar la puerta de manera que le traiga buena suerte. Obviamente, estas sugerencias sobre forma y color se basan en la orientación de la puerta y en la teoría de los cinco elementos. Se aprovecharán estas sugerencias siempre y cuando la puerta mire en la dirección indicada.

*C*ómo configurar un dormitorio afortunado

Este principio teórico de los rumbos también puede utilizarse para dar una orientación auspiciosa a nuestras horas de sueño. Si consigue disponer la habitación de manera que duerma con la cabeza apuntando hacia su punto cardinal sheng chi, aprovechará las energías personalmente más beneficiosas, que acudirán a usted todas las noches mientras duerme. Seleccione su habitación de manera que le permita orientar su cabeza en esa dirección de tan buen augurio. Ello no siempre será posible, sin embargo, e incluso puede ocurrir que el precepto entre en incompatibilidad con otras normas del

Feng Shui. Por ejemplo, si el emplazamiento de la cama está perjudicado por unos muebles demasiado voluminosos y de lóbrego aspecto, o cruzan por encima de su cabeza vigas vistas, o le falta a la estancia un rincón por ocuparlo uno de los pilares maestros del edificio, entonces no importa cuál sea su orientación favorable para dormir porque no le aprovechará: predomina la influencia nociva de ese entorno desfavorable. En consecuencia, será útil observar las recomendaciones generales para el buen Feng Shui del dormitorio que se resumen en el recuadro, y luego consideraremos las reglas más estrictas que se indican seguidamente.

Directrices para un buen Feng Shui del dormitorio

◆ La cama idealmente armoniosa es la de un solo colchón (puede ser cama de matrimonio o cama doble), siempre y cuando la orientación sea correcta y apunte a un rumbo de buen augurio. No debe quedar directamente afectada por las flechas envenenadas que puedan hallarse en el dormitorio, y conviene que sea lujosa y confortable. El cabezal puede llevar una tapicería con figuras decorativas de buen auspicio, y lo mismo las fundas de las almohadas y los cubrecamas.

◆ En principio las habitaciones de forma regular son preferibles siempre y superiores a las irregulares; lo óptimo sería la estancia cuadrada o rectangular. Los dormitorios en forma de «L» pueden corregirse colocando un biombo que defina dos espacios separados.

◆ La cama no se situará entre dos puertas, ni apuntando directamente a la puerta de la habitación. Cuando la cama está entre dos puertas la energía que circula a través de éstas interfiere severamente con el chi de la propia cama y las consecuencias sobre el o la durmiente serán negativas. Cuando los pies apuntan hacia la puerta de la habitación decimos que es la postura del difunto, lo cual presagia una reducción de los años de vida.

◆ Comprobemos que no exista ningún canto vivo apuntando a la situación del durmiente, como puede ser el ángulo entre dos paredes contiguas o el canto de un mueble, o un pilar destacado de la pared. Todas estas situaciones producen un efecto negativo sobre la salud de la persona que ocupa esta cama y recibe constantemente el chi letal. En suma las consecuencias sobre la salud del durmiente serán negativas y aunque la cabeza esté orientada con arreglo al rumbo más favorable, este rasgo positivo quedará totalmente contrarrestado por la presencia de la energía letal. Esta situación perjudica más especialmente a los niños.

◆ La cama no debe situarse debajo de una viga vista, de un ventilador de techo ni del punto central de una bóveda de crucería. Cuando uno duerme debajo de una forma hostil, afilada o pesada, la opresión actúa sobre la salud en el sentido de disminuir la resistencia a toda clase de dolencias e infecciones. En el peor de los casos, la mala fortuna podría sobrevenir en forma de enfermedad grave. Si por casualidad la viga parece dividir en dos una cama de matrimonio, se anuncian discordias en la pareja; las vigas vistas es mejor disimularlas con un falso techo o cielorraso de escayola con molduras ornamentales, o desplazar la cama de manera que no quede debajo. Los techos inclinados de las buhardillas también distan de ser ideales, pero si no tenemos otro lugar donde elegir es aconsejable dormir con la cabeza bajo la parte más alta.

◆ Acostados en la cama no se debe mirar a los sanitarios, ni debe colocarse la cama directamente debajo de unos sanitarios de la planta superior. Sería muy nocivo el efecto sobre la salud del durmiente; entre las consecuencias figuran la propensión a resfriados, toses y jaquecas. A la proximidad de los sanitarios se le atribuyen también dolencias como los problemas de estómago y otros asociados con el aparato digestivo.

◆ Tampoco es aconsejable una situación «flotante» de la cama en el centro de la habitación, lo cual sugiere inestabilidad y es de bastante mal augurio. Los que duermen de esa manera se exponen a viajar mucho en su vida y pasar muy pocas noches durmiendo en su propia cama.

◆ Tampoco debe arrimarse la cama a una pared con ventana quedando directamente debajo de ésta. El ocupante arriesga muchas noches de insomnio y padecerá enfermedades con fiebre y dolor corporal. Si no hay otra elección, al menos procuraremos correr las cortinas y que éstas sean de un brocado bastante grueso.

◆ La mejor colocación de la cama es diagonalmente (en relación con la puerta del dormitorio) y con el cabezal arrimado a una pared maestra, lo cual transmitirá estabilidad al durmiente. Y si además se consigue orientarla de acuerdo con el rumbo óptimo para el ocupante, habremos realizado una configuración de muy buen augurio.

◆ Cuando por cualquier motivo no sea posible orientar la cama de manera que la cabeza apunte hacia el rumbo sheng chi, es esencial elegir una cualquiera de las demás orientaciones favorables. Por ejemplo, si es usted una persona del grupo este (véase la página 66), sus rumbos favorables son el este, el sudeste, el norte y el sur. Si pertenece usted al grupo oeste, las direcciones de buen agurio son oeste, sudoeste, nordeste y noroeste.

Los espejos

En toda circunstancia se evitará que la cama aparezca reflejada en ningún espejo. La presencia de espejos en el dormitorio suele ser motivo de rupturas matrimoniales debidas a la irrupción de una tercera persona en la pareja. Esta causa de infidelidades, aunque no afecta directamente a la prosperidad de la familia, suele originar gran número de desgracias. Si son espejos enfrentados la situación todavía es peor, ya que esto causa confusión mental. El número infinito de reflejos que originan dos espejos enfrentados es un rasgo pésimo y de muy mal augurio. O bien cubrimos esos espejos con una cortina, o los desmontamos y los eliminamos del todo, no hay otra solución. Si estimamos que no podemos prescindir de un tocador con espejos en el dormitorio, será preciso colocarlos de modo que no se refleje la cama en ellos; si disponemos de espacio suficiente en el cuarto de baño siempre será más aconsejable instalar el tocador allí, o en el vestidor. He visto tantos matrimonios destruidos por la presencia inoportuna de espejos, que nunca puedo dejar de referirme a esta cuestión; véase también la página 132.

Elementos de agua

Se procurará no tener en el dormitorio elementos decorativos con agua, porque se les atribuyen los mismos efectos perjudiciales que a los espejos. Si instala usted un acuario en su habitación y lo coloca directamente detrás de la cama, se puede afirmar con certeza que perderá su dinero o sufrirá un robo. Se evitarán asimismo los motivos de agua en las paredes y en la ornamentación del mobiliario, ni mucho menos colgar un cuadro que represente un lago, una cascada ni un río. Algunos maestros Feng Shui me han asegurado que es de mal presagio tener un cuadro así sobre la cabecera de la cama porque traerá una inundación al dormitorio. Lo dicho no significa que no se pueda tener un vaso de agua, una jarra o incluso un frigorífico pequeño. A los efectos del Feng Shui ésos no son elementos de agua.

Una amiga mía muy querida colgó una vez sobre su cabecera un paisaje de Venecia. Poco después su marido empezó a sufrir graves problemas de espalda y fue preciso ingresarlo en una clínica. Por entonces no sabía yo nada de esto cuando la visité durante las pasadas vacaciones de verano y vi el hermoso cuadro en el dormitorio. En seguida advertí a mi amiga que debía quitarlo si no quería exponerse a que ella o su marido tuvieran que ingresar en una clínica, y fue entonces cuando me contó que él ya lo estaba debido a sus insoportables dolores de espalda. Obvio es decir que retiramos el cuadro y lo colgamos en la sala de estar, y por fortuna la espalda del marido de mi amiga sanó poco después.

Plantas vivas

Otro objeto que puede ser causa de problemas en el dormitorio son las plantas vivas. En contra de la creencia común no es de buen augurio colocar flores ni plantas en la habitación. Las plantas representan la energía yang del crecimiento y desde luego son excelentes, pero en otros lugares de la casa. En el dormitorio, por el contrario, originan trastornos a los durmientes porque tienden a absorber sus energías durante la noche. Las plantas son especialmente nocivas cuando falta la luz del sol. De manera que en vez de usar plantas para contrarrestar el shar chi de alguna esquina desafortunada del dormitorio, es preferible colgar sobre ese borde saliente un bambú atado con unas vueltas de hilo rojo, o colocar un biombo estratégicamente situado para que no se vea desde la cama el rasgo ofensivo.

Se evitarán asimismo en el dormitorio los objetos afilados, las armas y los cuadros que representen fieras. Esos seres hostiles son más perjudiciales que beneficiosos y afectarán seriamente al Feng Shui de nuestra habitación.

Cómo diseñar una oficina de buen augurio

El rumbo sheng shi también puede incorporarse en el diseño de nuestra oficina. Para atraer la abundancia de buena suerte que conduce al éxito, por ejemplo, es aconsejable sentarse mirando a nuestra orientación sheng chi, medida sencilla pero que nos permitirá cosechar abundantes beneficios. Aunque no basta con eso, pues debemos observar si se cumplen las normas generales del Feng Shui que también son aplicables a los espacios administrativos, y que resumimos en el recuadro a continuación.

Si después de comprobar que se cumplen dichas recomendaciones generales tenemos además la posibilidad de sentarnos cara a nuestro rumbo sheng shui, habremos aprovechado óptimamente el Feng Shui del puesto de trabajo. Es el mejor incentivo para el éxito en la carrera y, para asegurarse de que no va a olvidarlo, le aconsejo que se lleve la brújula y marque con una flecha el rumbo exacto de su orientación sheng chi.

Utilizaremos las dimensiones Feng Shui para crear un escritorio de buena fortuna. Las dimensiones de una mesa de trabajo para ejecutivo son

Recomendaciones para un buen Feng Shui de la oficina

◆ Que el despacho sea de forma regular, mejor que irregular; en el segundo caso, utilizaremos plantas de interior y espejos para corregirla.

◆ No son recomendables los despachos localizados al fondo de un largo pasillo; quedaremos afectados por un Feng Shui deficiente y nos va a resultar muy huidizo el triunfo en nuestras empresas.

◆ Que la oficina no esté contigua a los sanitarios, ni mucho menos paredaña. Tampoco son convenientes las situadas debajo de los sanitarios de la planta superior.

◆ El recibidor o antedespacho no debe estar demasiado abarrotado, ya que ello reduciría el caudal de buena fortuna chi que entra en nuestra oficina.

◆ No hay que sentarse nunca de espaldas a la puerta. Evitémoslo como si temiéramos recibir una puñalada en la espalda. Más exactamente, no hay que situar nunca la silla o el escritorio de manera que no nos deje ver quién entra en la oficina. En Feng Shui se describe ésta como una situación potencialmente peligrosa. No obstante, tampoco hay que sentarse de cara a la puerta, como si estuviéramos de exposición en un escaparate.

◆ Tampoco es recomendable sentarse dando la espalda a la ventana, ya que siempre es conveniente hallarse respaldado por algo sólido, y si tiene usted a la espalda una pared donde pueda colgar un cuadro con un paisaje de montaña, esa configuración le será de gran ayuda. Recuerde que en el trabajo o en los negocios es primordial contar con buenos «respaldos», bien se trate de nuestros jefes, o de nuestros clientes y nuestras fuentes de financiación. En realidad, el éxito que uno pueda alcanzar muchas veces depende de la disponibilidad de influencias, ayudas y colaboraciones.

◆ Nunca se siente directamente debajo de una viga vista. Eso mermaría seriamente su facultad de discernimiento y afectaría a las decisiones tomadas. De la misma manera, tampoco hay que sentarse en la trayectoria de alguna flecha envenenada de las que envían las esquinas afiladas o los ángulos salientes. De haberlos en su despacho, ocúltelos con una planta que absorberá esas energías negativas.

de 152 por 89 cm. Su altura debe ser de 84 cm. Si se quiere, también es posible potenciar el tablero con un buen Feng Shui, para lo cual recurriremos a la teoría de los cinco elementos. Se trata de tallar en los lados y los cajones del escritorio figuras de buen augurio como los dragones y las tortugas.

Su sillón de ejecutivo debe ser de los de respaldo alto, que simboliza la asistencia de patrocinadores influyentes y aliados nuestros. Los sillones que no cubren toda la espalda no son de buen Feng Shui. Debe ser además un sillón de brazos; en ausencia de los mismos significaría la falta de los animales celestes, el dragón y el tigre, protectores necesarios de toda empresa. Como regla aproximada el respaldo debería tener unos 109 cm de alto para asegurar la buena fortuna de la prosperidad.

Se procurará que el despacho se halle siempre bien iluminado. La falta de iluminación comunica un aspecto fúnebre porque, siempre según la teoría del Feng Shui, la energía yang está debilitada. Si recibe el sol por la tarde, hay que atender a que no se caliente demasiado la estancia, lo cual equivaldría a un exceso de energía yang demasiado fuerte y eso tampoco es de buen augurio. Recordemos que el Feng Shui consiste, ante todo, en dosificar y equilibrar las energías yin y yang.

Otro artículo importante del Feng Shui que debe figurar en un despacho es una planta viva, siempre que se logre tenerla lozana y próspera. La presencia de una planta representa la energía del crecimiento, ya que el movimiento energético del elemento madera es ascensional. Es un simbolismo excelente para un despacho. La planta estará emplazada en el rincón este o en el sudeste de nuestros locales.

*E*xplorando localizaciones para el éxito personal

Además de aprovechar el rumbo sheng chi favorable, también importa utilizar la localización sheng chi. Siempre que practicamos el Feng Shui hay que distinguir entre un rumbo, es decir la dirección o el punto cardinal, y una localización particular dentro de un espacio determinado. Ambos son igualmente importantes y en los casos en que no sea posible aprovechar el rumbo, quizá podamos tratar todavía de aprovechar la mejor localización, y viceversa.

Una vez sabida la dirección que nos aportará el éxito, establecemos cuál es el rincón de nuestra casa que corresponde a esa orientación. Consultaremos la rejilla Lo Shu superpuesta en el plano de la casa o del piso. De este modo averiguaremos cuál es la localización sheng chi, y si tenemos la posibilidad de instalar en dicha localización nuestro dormitorio, o nuestro gabinete de trabajo, habremos potenciado la buena suerte correspondiente. Por último, y según cuál sea el elemento representado por esa localización, aumentaremos todavía más la energía de ésta colocando objetos que favorezcan o produzcan ese elemento.

Por ejemplo, si nuestro sheng chi es el este, le corresponderá el elemento madera. Si tenemos así localizado nuestro gabinete o despacho, podremos potenciar las energías introduciendo algún objeto relacionado con el agua, ya que el agua produce la madera. Si la pieza situada al este fuese el dormitorio, en cambio, lo adecuado no sería poner un objeto de agua, ya que como queda dicho los dormitorios no se potencian nunca por el agua.

Al decidir qué símbolos utilizaremos para potenciar cualquier rincón, para mayor seguridad podemos atenernos a la siguiente regla práctica: identificar qué elemento representa ese rincón (véase la página 149), y luego introducir un objeto que pertenezca al elemento que produce el elemento del rincón. Es imposible equivocarse cuando mejoramos nuestro espacio a partir de la teoría de los cinco elementos.

6 Una abundancia de buena salud

Concentraos en alimentar el chi.
El chi externo confiere salubridad a vuestro entorno.
El chi interno os trae la salud.
Ambos son importantes.

Nosotros los chinos creemos que cuando vivimos en un estado de Feng Shui armonioso disfrutaremos de buena salud, y aun cuando caigamos enfermos curaremos pronto porque el médico celeste o tien yi se encargará de sanarnos. La buena salud, que conduce a una vida prolongada y estable, se considera por lo general una forma de buena fortuna muy importante. Tener prosperidad y riqueza sin disfrutar de salud al mismo tiempo se consideraría, en efecto, como un estado carencial, ya que equivale a disponer de todas las cosas materiales y no poder disfrutarlas. Para el chino tal situación sería peor que la falta de unos bienes materiales, y además refleja un serio déficit de chi. Para ser exactos, la decadencia física es una manifestación que sobreviene cuando el chi se desintegra. Y cuando esa desintegración llega a ser completa, se produce la muerte.

Todas las prácticas tradicionales chinas, desde la acupuntura hasta los ejercicios físicos, la fitoterapia, el masaje y, por supuesto, el Feng Shui, se concentran en nutrir el chi, tanto en lo externo relativo al ambiente que nos envuelve, como en lo interno, mediante la meditación y los ejercicios respiratorios por ejemplo. Estos desarrollos se basan en la creencia de que todas las cosas del universo, lo tangible y lo intangible, lo vivo y lo inanimado, poseen la conciencia mágica del chi. Es decir, que cada habitación de la casa, lo mismo que cada célula del organismo humano, tiene su propia energía intrínseca, y ésta es lo que llaman chi.

Así, pongamos por caso, la disciplina de chi kung enseña que al alimentar el chi con ejercicios físicos interiorizados complementamos eficazmente el Feng Shui externo. Y es de este modo, alimentando el chi, como logramos la buena salud y la longevidad, que figuran en los lugares primordiales de la lista Feng Shui de las aspiraciones humanas. Repito, la abundancia de salud se considera tan valiosa como la abundancia de riquezas. Pero es tan fácil controlar el chi salutífero como lo era, según hemos visto en capítulos anteriores, el conjurar la prosperidad material.

Por ejemplo, el método de las ocho mansiones, correspondiente a la escuela Feng Shui de fórmulas, trata la buena suerte de la salud lo mismo que la de la riqueza y establece una orientación especialmente auspiciosa, que se llama el rumbo tien yi. Ésa es la dirección que adecuadamente representada por las orientaciones y localizaciones de las camas, las puertas y las mesas de trabajo, garantizará concretamente la buena salud y la longevidad. Por lo general se recomiendan tales orientaciones, sobre todo, a los miembros de la familia numerosa que se encuentran en la tercera edad.

Lo mismo que la dirección sheng chi (cf. páginas 93-95), la tien yi se funda en el número kua de la persona (véase la página 65). En la tabla del recuadro se leerán las orientaciones de mejor augurio para la salud de la persona según su número kua. Estúdiela y compruebe la orientación de mejor augurio para usted mismo y para todos los miembros de su familia; luego se tratará de ubicar esas orientaciones empleando al menos uno de los tres procedimientos posibles, a saber:

♦ dormir en una localización tien yi,
♦ dormir con la cabeza orientada hacia un rumbo tien yi, o
♦ utilizar un dormitorio cuya puerta mire hacia un rumbo tien yi.

No es necesario disponer de las tres características, con una de ellas será suficiente.

Para dormir en una localización tien yi será preciso identificar la orientación oportuna por medio del cuadrado Lo Shu. Una vez cuadriculada la casa o el piso en nueve sectores, y establecido el punto cardinal a que corresponde cada cuadrícula, se

Para establecer su rumbo tien yi

Su número kua	Su orientación salutífera o tien yi
1	este
2	oeste
3	norte
4	sur
5	oeste los hombres, sudoeste las mujeres
6	nordeste
7	sudoeste
8	noroeste
9	sudeste

detecta con facilidad la localización de mejor augurio para una persona enfermiza o anciana. Sencillamente, consultamos la tabla para saberlo e identificamos en el plano la localización correspondiente. Se tratará entonces de instalar un dormitorio allí, y de adjudicárselo a esa persona delicada. Lo cual facilitará grandemente su restablecimiento. Realmente si se trata de un enfermo convendría que, además de ocupar la localización que más le favorece, procurase dormir con la cabeza orientada hacia su rumbo tien yi, porque las energías celestes que curan las enfermedades provienen de ese punto cardinal. Al mismo tiempo se debe controlar el cumplimiento de las demás recomendaciones Feng Shui aplicables a los dormitorios según se describieron en las páginas 95-99.

*C*ómo equilibrar el yin y el yang

Además de orientar la cama de modo que capture la orientación salutífera según la teoría de las ocho mansiones, puede aplicarse a los dormitorios la terapia yin-yang para favorecer las energías saludables.

En primer lugar el dormitorio es un lugar de descanso, en donde han de imperar la calma y la tranquilidad; por tanto los colores yin discretos deben figurar en cortinajes, colchas y alfombras. Lo correcto es que prevalezca un ambiente ligeramente yin, aunque sin caer en excesos, ya que ello multiplicaría la susceptibilidad a toda clase de afecciones. En un dormitorio sano se hallará siempre una presencia yang claramente visible, como puede ser, idealmente, una buena iluminación. Pero la luz es muy yang, por tanto evitaremos aplicar focos demasiado brillantes. El alumbrado espectacular, más que ayudar, perjudica. Usaremos puntos de luz pequeños, rojos por ejemplo, pero aplicados con parsimonia. El color rojo añade una nota vibrante y es un yang muy eficaz, aunque sin alcanzar la intensidad que pudiera originar algún problema.

La energía yang también puede introducirse en forma de música, especialmente la barroca, de conocido efecto calmante, o teniendo conectada la radio. Ésta es una forma de energía yang sutil, nunca demasiado severa, y sin embargo excelente para levantar el ánimo y alimentar el chi. También podemos poner música New Age, voces de las ballenas y de los delfines, de criaturas de la selva por la mañana cuando sale el sol, melodías de flauta y celesta o carillón. Todo eso produce un suave influjo de energía yang que origina maravillosas y salutíferas vibraciones. Son especialmente de efecto sedante para los inválidos y los pacientes en período de convalecencia, porque la energía yang creada es suficiente para favorecer la curación pero no tan intensa que dificulte el descanso. Este tipo de energía yang complementa la energía yin de los dormitorios de una manera muy oportuna.

En cambio la energía yang no debe estar presente en forma de plantas vivas, ni de flores (cf. página 99); al mismo tiempo, la energía yin no se debe reforzar con la presencia física de un elemento de agua (cf. página 98). Por consiguiente, y aunque el dormitorio se halle orientado al norte, no pondremos nada relacionado con el agua aunque esa disposición se aconseje para otros tipos de estancias. En efecto, se recomienda potenciar de esa manera el salón de recibir, la salita de estar o el jardín.

*E*l dormitorio saludable

A menudo se me consulta acerca de cabezales y doseles de las camas: ¿tienen alguna trascendencia en Feng Shui esos accesorios? La respuesta es que sí, naturalmente. En los viejos tiempos, las familias adineradas tenían camas ricamente ornamentadas y cuya construcción sugería la idea de un refugio. Los antiguos lechos nupciales chinos, por ejemplo, vienen a ser como cajones con una sola abertura, y aun ésa suele taparse con una cortina de blonda o de brocado.

De este modo el mueble de dormir tiende a buscar el símil de un reducto, o de alguna especie de santuario. Algunas camas incluso tenían ventanillas laterales, de manera que los ocupantes pudiesen mirar al exterior pero sin salirse de la cama todavía. En las cortinas que la cubrían solían bordarse todos los símbolos de la buena fortuna.

Las parejas de recién casados jóvenes exhiben el cubrecama bordado con el símbolo de los cien niños, para augurar uniones fértiles y abundancia de hijos. Los ancianos de la familia y especialmente el patriarca o *lo yeh* dormían rodeados de símbolos de la longevidad y la buena salud.

En los dormitorios modernos no está mal usar cama de dosel que sugiere evocaciones de refugio y seguridad. Personalmente prefiero el dosel entero, no el medio dosel que tiende a sugerir algo que se cierne sobre la cama, no una sensación de seguridad. La cama de cuatro pilares es excelente pero no son de buen augurio las que tienen aspecto de cama para princesas de cuento de hadas.

Los cabezales deben ser redondos, con una curvatura que sugiera la concha de una tortuga. Este tipo de cabezal suministra protección contra las malas vibraciones y las afecciones mientras dormimos. A evitar en todo caso por inadecuados para nuestro dormitorio los cabezales de forma triangular, rectangular u ondulada. Las formas triangulares sugieren el elemento fuego, que es demasiado yang para una cama. Las formas onduladas evocan el elemento agua, que no tiene por qué figurar en el dormitorio. Los cabezales rectangulares aluden al elemento madera, que significa crecimiento. Pueden tolerarse, aunque desaconsejo formalmente colocar plantas en las alcobas.

La creación de un dormitorio saludable implica la supresión o la neutralización de cualquier cosa que pueda llevar a la estancia un exceso de energías yin o de chi letal. En este aspecto, tal vez el problema de más difícil arreglo sea la situación desfavorable de un sanitario con respecto a la cama o a la entrada de la habitación. También son sumamente perjudiciales los sanitarios del piso superior situados en la vertical de la cama, o los instalados pared por medio con respecto a ésta.

Cómo suprimir la energía yin de los sanitarios

Los lavabos y cuartos de baño contiguos se tendrán siempre con la puerta cerrada, si bien esto, por sí solo, es insuficiente como antídoto contra la energía yin que emiten. La manera más segura de contrarrestar la mala fortuna que irradian es colgar un carillón de cinco varillas dentro del recinto, y si esto es todavía insuficiente, pintaremos de rojo la puerta. Si le resulta a usted demasiado escandalosa una puerta de cuarto de baño pintada de rojo, el blanco es una segunda opción excelente. De esta manera se crea energía yang suficiente para contrarrestar el mal chi. Los azules de cualquier matiz se consideran de mal augurio en los cuartos de baño. Cabe la posibilidad de enmoquetar en rojo o marrón, o colgar cortinas rojas, lo cual crea también la energía yang correctora. Ésta no es una situación ideal pero ayuda a dispersar la energía yin corrupta y evita que se acumule y estanque.

Otra manera de introducir energía yang en estos recintos es instalar una luz fuerte. Una sola lámpara roja sería suficiente porque crea la presencia del elemento fuego, y éste quema el elemento metal afligido y convertido en negativo por la presencia de los sanitarios. No se colocarán plantas ni flores, ya que ello resulta más perjudicial que beneficioso.

*E*xponer los símbolos de la longevidad

El deseo de vivir muchos años ocupa un lugar preferente en la lista de aspiraciones de los chinos, a tal punto que los símbolos de la longevidad predominan sobre cualesquiera otras abstracciones; únicamente los que aluden a la prosperidad y la riqueza pueden parangonárseles en cuanto a su frecuencia de aparición. De manera que la longevidad es una de las formas de buena fortuna que más importa fomentar. Por otra parte, para los chinos los dioses no son otra cosa sino símbolos de las aspiraciones a que ellos atribuyen importancia. El panteón chino es una larga procesión de dioses que personifican las aspiraciones colectivas de ese pueblo. De ahí que tengamos dioses de la riqueza, la salud y la prosperidad.

De entre estas divinidades quizá la más popular sea Sau, el dios de la longevidad. Es un anciano risueño que tiene una frente muy ancha y muy alta. Camina con la ayuda de un bastón en donde está esculpido el símbolo del dragón. Este bastón lo lleva en la izquierda y la derecha exhibe otro símbolo de la longevidad, el melocotón. Encontramos a Sau con frecuencia en la ornamentación de los jarrones, o en forma de figurillas decorativas. En los cuadros vemos a menudo, al fondo, un ciervo y un pino, que también representan la longevidad. Toda esa simbología tiene gran popularidad entre los chinos, quienes creen que exponiéndola en sus casas se crearán energías vibrantes y propicias a la buena salud, previniendo así posibles enfermedades y dolencias fatales para los habitantes.

El dios de la longevidad puede aparecer solo o formando parte de la trinidad de la Estrella con el nombre común de Fuk Luk Sau. No son unas divinidades que reciban culto de los devotos, puesto que, como hemos dicho, son símbolos de aspiraciones humanas y no verdaderas deidades. Se colocan en el comedor o sobre una repisa del recibidor mirando a la puerta principal. En los bazares chinos encontraremos estas figuras en esculturas o relieves hechos de cerámica, marfil, madera o resina moldeada.

Sin embargo, el más popular de todos los símbolos de la longevidad sin duda es la maravillosa planta de bambú. Si tenemos un jardín será buena idea tener unas matas de bambú en la parte este. Si vivimos en un piso, busquemos un bonito paisaje que contenga bambúes y colguémoslo en la pared de la sala de estar orientada al este.

Como el bambú se considera una planta de tan buen augurio, los trozos de la caña también tienen aplicación como eficaces instrumentos del Feng Shui. Así por ejemplo se cuelgan parejas de trozos de bambú atados con hilo rojo para contrarrestar la energía letal de las vigas vistas y los rincones salientes, evitando que perjudique a los habitantes de la casa. Hay muchas subespecies distintas de bambú; las de tallo hueco son las más idóneas para crear la buena fortuna.

Otro símbolo de longevidad muy estimado es el melocotón. Comer muchos melocotones asegura la buena salud, o todavía mejor, adornemos nuestra sala de estar con un melocotonero de jade, como los que se encuentran en los bazares chinos. En muchas leyendas antiguas chinas el melocotón desempeña un papel destacado; además, el melocotonero que crece en el jardín de la Reina de Poniente cría el fruto de la inmortalidad. En ese jardín entraron a hurtadillas los famosos Ocho Inmortales de la tradición taoísta, y comieron el fruto que les valió su condición.

Cualquier cosa que aluda al melocotón constituiría el regalo idóneo de cumpleaños para un anciano patriarca o una matriarca. Cuando busquemos obras de arte que representen melocotones, daremos la preferencia a los que exhiben cinco o nueve de estas frutas. El número cinco tiene el poder de vencer los infortunios, mientras que el nueve significa la plenitud de los cielos y de la tierra.

Mi símbolo favorito de la longevidad es la grulla, ese bello animal que cuando representa la larga vida tiene frente roja y suele dibujárselo volando o de pie en un estanque sosteniéndose sobre una sola pata. En la iconografía es corriente la asociación con el pino, otro símbolo de la longevidad. Yo tengo la escultura de una grulla en el rincón este de mi jardín, aunque pueden colocarse en cualquier parte, donde siempre significarán buena salud y larga vida. También tengo muchos jarrones pintados con figuras de grullas, no precisamente a título de conjuro, sino sólo porque me gustan esas aves. ¡Pero el caso es que todos los miembros de la familia que conviven conmigo disfrutan de una salud excelente!

Otra gran favorita mía, que probablemente refleja mis orígenes chinos, es la tortuga. Estos animales llevan la buena fortuna a todos los hogares que las mantengan. Son también un símbolo de la longevidad y tenerlas en casa, bien sea vivas a modo de animales de compañía, o simbólicamente en forma de cerámicas o cuadros, hace maravillas para la buena suerte de los habitantes. Y además de traer buena suerte, la tortuga es un símbolo de solidaridad y protección. Significa la bondad celestial que viene del norte.

Por eso aconsejo siempre que se tenga un pequeño estanque artificial con tortugas en la parte norte de nuestra casa, o preferiblemente en el jardín. No importa si esa parte norte corresponde a la parte posterior o a la fachada de la casa, ni que esté a la derecha o a la izquierda de la puerta principal. Las tortugas pueden tenerse en un recipiente de cerámica lleno a medias de agua. Aliménteles con pienso para peces y vea cómo prosperan.

*E*vite las estrellas viajeras que originan enfermedades

Si desea usted aplicar el Feng Shui concretamente para proteger su salud, es aconsejable aprender el Feng Shui de las estrellas viajeras. Es una escuela de fórmula, llamada en chino *fey sin Feng Shui*, basada en una interpretación avanzada de los rumbos de la brújula y en el cuadrado Lo Shu.

El fei sin Feng Shui es muy popular en Hong Kong. Aborda la dimensión temporal en el sentido de que proporciona indicaciones detalladas en cuanto a las partes de la casa que podrían verse afectadas por las estrellas nefastas durante determinadas épocas de determinados años. Usado en combinación con el calendario chino, revela la localización de esas estrellas patógenas. La permanencia en los lugares así afligidos implica riesgo de enfermedades severas, y muchas veces fatales, durante la semana o el mes en que las estrellas mismas devienen vulnerables.

Localizaciones afectadas por estrellas nefastas

Año	Localización afectada	Localización gravemente afectada
1999	noroeste	sur
2000	oeste	norte
2001	nordeste	sudoeste
2002	sur	este
2003	norte	sudeste
2004	sudoeste	centro
2005	este	noroeste
2006	sudeste	oeste

Actualmente nos encontramos en el período del 7, que comenzó en 1984 y terminará el año 2003. El próximo período de 20 años será el del 8, y terminará el 2023. Durante el actual período del 7, este número es el más afortunado y también trae buena suerte el 8, indicador de prosperidad futura. Desde el 2004 en adelante, el número principal de la buena fortuna pasa a ser el 8.

La fórmula es de difícil aplicación para el aficionado; la comprensión de los cálculos y su interpretación requieren conocimientos muy profundos de Feng Shui. Para el lector de este libro he calculado para los próximos años las localizaciones amenazadas debido a la aflicción de las estrellas viajeras. Durante el año en cuestión podrá verse usted en el caso de tener que trasladarse a otra habitación, a fin de evitar las desagradables consecuencias. Cada una de las personas que conviven con usted puede aplicarse similar análisis. Sobre todo los dormitorios situados en la localización afectada se tendrán desocupados durante todo el período.

Pero hay algo todavía más grave en cuanto a sus efectos que tener el dormitorio en una zona afectada, y es que la puerta principal resulte mal aspectada por la estrella nefasta. En esta situación los remedios son bastante difíciles porque una puerta principal afligida afecta a toda la familia, o mejor dicho a todos los habitantes de la casa. Durante el período de aflicción lo mejor sería dejar de usar dicha puerta y entrar o salir por otro acceso. Pero si esto no fuese posible, trataremos de tomarnos unas largas vacaciones de manera que no incidan sobre nosotros las enfermedades que anuncia la estrella viajera que ha afectado a nuestra vivienda.

Purificación mántrica

A los dormitorios conviene reinyectarles energías frescas, simbólicamente y con regularidad, ello a fin de que los habitantes de la casa no resulten perjudicados por las energías viciadas y estancadas. El mejor procedimiento para conseguirlo es ventilar la habitación una vez por semana, sencillamente.

Para ello hay que abrir dos ventanas de la casa, una de ellas la del dormitorio. Luego dejaremos abierta la puerta de éste para que el aire exterior penetre en la estancia, se mezcle con las energías interiores y vuelva a salir. Esta fácil operación actúa como una terapia de sustitución y refresca enormemente el chi de la alcoba.

Es también un procedimiento excelente para despejar las energías gastadas que pueda haber dejado un ocupante enfermo de la habitación. Si nos parece que requiere limpiar todavía más a fondo, podemos usar el incienso a fin de purificar todavía más las energías, y si lo deseamos podemos entonar los mantras de purificación que se citan en el recuadro.

Se puede discutir sobre si el empleo de mantras forma parte legítimamente del Feng Shui. Por lo que a mí concierne, me consta que siempre ha

Dos mantras de purificación

1. Om Ah Hung So Ha

Éste es el mantra de purificación que cantan todos los budistas cuando presentan sus ofrendas a Buda en un altar o capilla, o antes de las comidas, para consagrar los alimentos. Es un mantra muy poderoso que purifica al instante; podemos visualizar mentalmente cómo se purifican todos los objetos de la habitación mientras caminamos entre ellos esparciendo los humos de incienso. Se trata, sencillamente, de repetir el mantra en voz baja 108 veces, para el recuento de los cuales se usará el rosario budista *mala*.

2. Om Mani Padme Hum

Es probablemente el más conocido de los mantras del budismo tibetano, y habla directamente al Buda Compasivo que es llamado Chenrezig por los tibetanos, Avalokiteshvara por los hindúes, Kuan Yin (la diosa de la misericordia) por los chinos y Canon por los japoneses.

Es un mantra poderosísimo y se cree que cuando alguien llega a cantarlo un millón de veces (lo cual podría llevar un año entero) recibe un don especial, como por ejemplo la clarividencia. Muchos budistas recitan este mantra sin otra intención sino la de recibir las preciosas bendiciones del Buda Compasivo.

Su efecto purificador es intenso. Recítelo 108 veces para limpiar el chi de su vivienda. Mientras lo hace, pasee despacio por las diversas estancias y visualice cómo los sonidos que vocaliza dejan las energías limpias y de una claridad cristalina.

sido costumbre china el purificar la casa de esta manera, además de practicar el Feng Shui. En los viejos tiempos esos ritos generalmente corrían a cargo de unos monjes, ya que las personas no religiosas no habían aprendido los mantras ni sabían cómo tocar las campanillas y batir los platillos en momento oportuno. En la época moderna la purificación de las viviendas se practica por lo general con arreglo a un rito simplificado, que es el que expongo en este libro.

Estas ceremonias se basan en la práctica tradicional, pero yo he descubierto que siempre y cuando mi propia versión se base en los conceptos fundamentales relativos a la motivación y la visualización correctas, las energías del hogar siempre quedan beneficiadas por la incorporación de los mantras a los rituales de purificación y limpieza. A aquellos de mis lectores que no sean budistas les aconsejo con la debida humildad que sustituyan los mantras por una oración similar de su propia religión, y también mejorará sus ejercicios de purificación. He descubierto que este procedimiento proporciona resultados con cualquier oración o mantra que se diga de buena intención y con la motivación adecuada.

A mí me agrada andar por la casa recitando estos mantras para bendecir las energías que me rodean. En esta aplicación práctica de mi conocimiento Feng Shui combino con mis métodos de Feng Shui lo que recibí en mi aprendizaje espiritual. Al principio lo hice sólo porque me pareció que no podía acarrear ningún inconveniente esto de asociar el método del Feng Shui con la sabiduría de las creencias espirituales. Más adelante, al observarme y observar mi entorno tratando de distinguir los efectos de esa mezcla de racionalidad y espiritualidad, me hallé más saludable, más enérgica, más feliz, y también más afortunada en mis empresas. Lo uno y lo otro parecían complementarse a la perfección.

Por eso he incluido en este libro la breve mención sobre los mantras y los ritos, a fin de compartir algo hermoso con mis lectores. Sin embargo estoy convencida de que no sólo es hermoso, sino que las energías del método Feng Shui forman con las de las prácticas religiosas y espirituales una combinación extraordinariamente poderosa. Al relacionar los mantras con el Feng Shui la limpieza de un espacio físico puede convertirse en un ejercicio exaltante y eficaz para nuestro estado de ánimo. Decididamente es una manera excelente de crear un dormitorio saludable y que pondrá «chispa» en todas nuestras actividades. Acostúmbrese a limpiar y purificar las energías de su habitación con regularidad. O mejor dicho, adquiera el hábito de purificar toda la casa periódicamente. Y si ello no ha de ofender a la sensibilidad espiritual de quien me lee, le sugeriría que intente purificar también su espacio personal con los mantras y las ceremonias que he indicado aquí.

*U*na cura de Feng Shui trascendental

Aparte el Feng Shui físico también se puede practicar un tipo especial de Feng Shui trascendental cuya actividad particular reside en fomentar las energías curativas, y que complementa eficazmente los tratamientos médicos convencionales en personas seriamente enfermas. El método utiliza técnicas especiales de visualización y de vocalización de mantras.

El Feng Shui trascendental utiliza dos visualizaciones mentales principales, para el mejoramiento físico del entorno y para la enfermedad o dolencia física que se quiere tratar. A menudo, cuando estas visualizaciones se acompañan de una sesión intensa de vocalización de mantras, se obtienen efectos casi milagrosos. No sólo las personas se recuperan, sino que además lo hacen con una rapidez alucinante.

Hasta aquí, en este capítulo hemos abordado directamente las medidas que se tomarán para crear un medio físico salutífero, acudiendo a medidas de Feng Shui de la escuela de la brújula. Para potenciar estos cambios físicos, es buena práctica la de visualizar el resultado final deseado mientras procedemos a realizarlos.

Las visualizaciones pueden realizarse a cualquier hora del día o de la noche, pero el momento más favorable es por la mañana a primera hora, justo antes del amanecer. Nos sentamos en una habitación tranquila de cara a nuestro rumbo tien yi, a fin de concitar las energías curativas. Antes de empezar cerramos los ojos, nos concentramos, inhalamos profundamente y nos relajamos.

Pensemos: «Estoy usando esta cura Feng Shui trascendental para completar los cambios Feng Shui físicos que llevo ya realizados». Hay que concebir lo que nos hace daño como un bloqueo en el flujo del chi a través de nuestro cuerpo físico. Los que padecen dolencias graves como el sida, el cáncer y otras enfermedades peligrosas para la vida pueden visualizar estas dolencias como bloqueos severos de su sistema.

Considerémoslos como obstáculos que deben ser eliminados. Lea una descripción médica de su mal, con el fin de conferir la máxima viveza posible a su visualización. Debe generar energías muy fuertes que combatan la enfermedad que está debilitando y marchitando su organismo. Piense con mucha concentración, pero respirando siempre con regularidad, para mantenerse compuesto y equilibrado. Imagine su mente como una gran fuerza que aparta ese impedimento de sus sistemas. Dicho de otro modo, ¡luche! Combata mentalmente la enfermedad.

Utilice la mente para crear imágenes Feng Shui mentales en las que aparecerá su propia energía intrínseca destruyendo la energía perjudicial que es la causa del malestar. Visualice cómo se disuelven los bloqueos dentro de usted. Respire a fondo el aire fresco y visualice cómo esa nueva energía añadida entra en su sistema y aparta los bloqueos de su organismo... Cuanto más intensa sea la visualización, más poderosos serán sus efectos y más pronto actuará. Imagine que toda la energía perjudicial se convierte en una especie de tinta negra que escapa de su cuerpo y se derrama en el suelo, siendo absorbida por la tierra y desapareciendo.

Practique esta cura trascendental con regularidad hasta que esto de formar imágenes en su mente se convierta en un hábito y una segunda naturaleza. Pero no crea que estos métodos pueden reemplazar la atención médica profesional. Hay que considerarlos como un recurso añadido que favorece la curación y complementa el tratamiento médico que se le haya señalado.

Y ahora permítame participarle un mantra curativo muy potente. Mi bondadoso lama particular me lo transmitió y me ha dado permiso para divulgarlo en este libro, a fin de ayudar a los que sufren y buscan un sistema de sanación alternativo que los ayude. Es el mantra del Buda Medicinal. Visualice el Buda Medicinal por encima de su cabeza; este Buda tiene cuerpo azul oscuro y es bellísimo. Si puede, levántese y contemple un cuadro que le ayude a visualizar con más intensidad. Entone siete veces el mantra del Buda Medicinal todas las mañanas y otras siete veces todas las noches. Entónelo al mismo tiempo que realiza las visualizaciones. Si consigue vocalizar con motivación sincera no sólo se formará espontáneamente en su espíritu la figura del Buda Medicinal, sino que empezará a sentirse mejor además. Éste es el mantra:

Om Bhaykandze, Bhaykandze
Maha Bhaykandze Ratna Samu Gate Soha

Si lo desea puede cantarlo más a menudo, naturalmente, y eso estaría todavía mejor. Se le atribuye gran poder al mantra del Buda Medicinal y tiene mucho merecimiento el cantarlo con regularidad, más aún si lo hace en beneficio de otra persona: un ser amado que esté desesperadamente enfermo, un abuelo, o incluso un conocido casual. Los budistas creen que las oraciones pronunciadas por la intención de otra persona son siempre sumamente poderosas.

7 *Una abundancia de amor*

Sintoniza con la intensidad de tu propia aura,
que es también tu campo de energía yang.
Ésta es la luz invisible,
cuya intensidad refleja tus niveles de energía.

No es de mal consejo el tomarse todos los días un rato para sintonizar consigo mismo, para poner los pies en el suelo y equilibrarse. Empiece por buscar un lugar tranquilo, dondequiera que sea. Respire hondo varias veces. Cuando note que su cuerpo empieza a relajarse, déjese invadir por la sensación de sosiego. Es entonces cuando puede sintonizar consigo mismo o consigo misma. Concéntrese en su ser. Observe sus propios sentimientos, experimente una sensación de afecto. Saboree dentro de sí la poderosa oleada de afecto y ternura. Luego podrá dejar que esa conciencia se derrame hacia el exterior, hacia los seres que viven y trabajan con usted. Cultive tales estados de ánimo durante varios minutos, día a día.

Al núcleo de amor que hay dentro de nosotros se accede con mayor facilidad a medida que practicamos, y no tarda en generar una predisposición amorosa. Esa actitud crea un ambiente de amabilidad en torno a nosotros, y nos convierte en personas encantadoras rodeadas de una energía muy positiva que atrae a todo el mundo. Es un tipo de energía muy especial y dotado de un increíble efecto multiplicador. Si quiere usted llamar al amor y amar en la vida, debe realizar el esfuerzo de cultivar esa energía.

Dígase que a partir de hoy, va a cambiar por completo su actitud frente a los negativos, los pelmazos y los aburridos que encuentre en la vida. Y tampoco se juzgará con excesiva severidad a sí mismo o a sí misma. Se abstendrá de criticarse abiertamente o criticar a los demás cuando las cosas no salgan bien, o como usted hubiera querido. Aprenderá a vivir, dejar vivir y estimarse a sí mismo o a sí misma, incondicionalmente. Cuando nos contemplamos de esta manera, pronto empezamos a ver bajo la misma luz a los demás, y aprenderemos a apreciarlos también incondicionalmente.

Con esto se abrirán nuestros ojos al lado más luminoso de los seres humanos, las situaciones y las circunstancias. Cuando estamos dispuestos a amarnos y amar a los demás sin anteponer condiciones, el campo de energía amable que nos rodea se dilata en una medida considerable. Podemos aspirar a recibir todas las energías positivas del universo. Empiece a trabajar la magia de su propia disposición amorosa. Sonría con más frecuencia. Sepa ver el aspecto humorístico de los incidentes cotidianos. La risa es contagiosa y tremendamente eficaz en la medida en que genera energías positivas intensas. De paso, le ayuda a «contar hasta diez» de manera que no le enfaden o le aflijan con tanta facilidad las personas ni las cosas que le contrarían.

Su aura o campo de energía yang

Cuando usted sintoniza de esta manera con su propio aspecto amable, está mejorando su propia aura o campo de energía yang. Ésta es la «luz» invisible que rodea a todos los seres vivientes. La intensidad de esa luz refleja la concentración de los niveles de energía inherentes de la persona. Cuanto más yang sea usted como persona, más poderosa será el aura que tenga.

Cuanto más poderosa el aura, mayor su capacidad de atraer a otras personas hacia su vida... personas que le aman y que se sienten atraídas hacia usted. Esta aura refleja el magnetismo propio, el poder personal de usted. Hay pocas cosas tan estimulantes como llegar a percibir la belleza del aura que nos rodea.

Cuando usted se dedica a conectar con estas energías inherentes que tiene en su interior, sus posibilidades de llegar a perfeccionarlas aumentarán muchísimo si el entorno físico se halla en armonía con esas energías y equilibrado, y es a su vez de buen augurio. Ahí es donde interviene el Feng Shui, al proporcionarnos los medios para crear el equilibrio y la armonía en el espacio que nos rodea.

Un espacio favorecido se crea al usar cualquiera de los distintos métodos de Feng Shui disponibles. Con su aplicación se añade una dimensión poderosa a la creación de la personalidad magnética y atractiva; así se consigue activar y potenciar al mismo tiempo el chi inherente de la persona.

Mediante el Feng Shui se consigue un entorno saturado de toda una gama de energías de buen augurio. Y quien vive en tal entorno deviene con más facilidad una persona más segura de sí misma, optimista y activa. De esta manera se produce la actitud que va a permitirle agarrar las oportunidades que el Feng Shui irá enviándole. De este modo, y si todo se hace correctamente, el Feng Shui aumentará el ascendiente personal de usted, el magnetismo especial de la persona que se hace querer. Todo ello, en virtud de su acción sobre el medio externo.

Por eso, y con objeto de alcanzar un efecto máximo, yo siempre aconsejo que las disposiciones y las medidas correctoras que preconiza el Feng Shui se emprendan en conjunción con la disposición interior de la persona. Lleve su sentido del humor, su jovialidad y su aplomo a los planos internos conscientes de su mente. Profundice en sus planos alfa (esa parte de uno mismo o de una misma a la que sólo se accede durante los estados semimeditativos). Tenga en cuenta la existencia de una mente inconsciente, muy adentro de nosotros. Al trabajar de esa manera con la mente inconsciente damos el impulso definitivo a nuestro propósito de amar y ser amado en abundancia.

Visualícese rodeado o rodeada de risas felices, de personas interesantes que le aprecian. Deje sueltas las vibraciones especiales que reforzarán las energías del espacio circundante. Recuerde que, si bien la actividad del Feng Shui se aplica a la colocación y la orientación de objetos inanimados, a fin de cuentas es el equilibrio óptimo de las energías lo que crea un buen Feng Shui. En esto la fuerza de la presencia humana con sus energías inherentes es un factor importante.

Los humanos habitantes de cualquier vivienda son las fuentes principales de energía yang que se encuentran en la misma. En cualquier lugar los seres vivientes son lo más yang y además necesitan energía yang para crecer, para desarrollarse, para sostener las actividades vitales y mantenerse sanos, felices y contentos. De las personas de mentalidad positiva, seguras de sí mismas, se dice que son muy yang, y ellas a su vez generan considerables cantidades de esa energía. De ahí que el espacio que las rodea sea de muy buen auspicio, sobre todo en lo que se refiere a la atracción de otros especímenes de energía yang.

¿Ha observado cómo las personas felices, enérgicas y positivas tienen siempre un numeroso seguimiento? ¿Y cómo la gente se aparta de las personas negativas y rencorosas? El Feng Shui expresa este mismo tipo de energía en el contexto del espacio. Cuando creamos en el entorno energías yang activas, el espacio se hace atractivo y da la buena suerte. En estas condiciones pueden producirse dificultades cuando la plétora de energía yang es excesiva. Entonces hemos exagerado y la energía yin deja de existir, lo cual destruye al mismo tiempo la energía yang. Repitámoslo una vez más, es cuestión de establecer un equilibrio correcto. En este contexto, ¡active el Feng Shui de las relaciones para introducir en su vida todo un cargamento de amor!

*C*ómo mejorar la vida social con el Feng Shui

Una vez la personalidad humana ha cobrado conciencia del campo de energía o aura yang, no le resultará demasiado difícil comprender que se necesita crear desde el primer momento un ambiente yang adecuado. Hay muchas maneras distintas para crear un entorno más yang con el fin de activar la vida social pero sin llegar a arrojar los trastos por la ventana.

La práctica correcta del Feng Shui invita a no exagerar jamás en las técnicas y los métodos de potenciación; todos los excesos son perjudiciales y el buen Feng Shui se convertiría en un mal Feng Shui. O un entorno cálido y de buen augurio se desertiza, pasa a un estado de no–existencia incluso peor que el del entorno totalmente silencioso por exceso de yin. Éste es un punto especialmente importante, que conviene recordar cuando se refiere a los métodos de Feng Shui que activan las aspiraciones relativas a las relaciones sociales, el matrimonio, la familia y el amor.

Aquellos de entre mis lectores que quieran utilizar los métodos Feng Shui para crear una vida social más activa, sacarán el mayor provecho de una puerta principal orientada al sur, o localizada en la parte meridional de la vivienda o piso. Ya que el sector sur de la casa, según se nos asegura, es una tremenda reserva de energía yang. Al mismo tiempo el rumbo sur se indica también como procedencia de dicha energía acumulable. Por eso la puerta

Potenciar la puerta principal

Al sur

Véase la continuación del texto fuera de recuadro.

Al norte

Si la puerta principal mira al norte o está en el sector norte de la vivienda, colgaremos en esa parte un carillón de seis varillas, el cual agregará una fuerte energía yang al sector al tiempo que se mantiene un buen equilibrio con el elemento que corresponde al norte, que es el agua. El metal crea el agua en el ciclo de los elementos. Los sonidos tintineantes del carillón favorecerán la vida social de los habitantes de la casa, y si el sudoeste también se ha potenciado adecuadamente, estas relaciones discurrirán sin sobresaltos, con muy pocos conflictos ni malentendidos.

Al este o sudeste

Si la puerta mira al este o al sudeste, o se halla en el sector este o sudeste de la casa, colocaremos un solo jarrón lleno de agua en el recibidor, puesta a la izquierda de la puerta según se mira desde el recibidor hacia fuera. El agua se cambiará a diario o por lo menos tres veces a la semana. El recipiente no debe cubrirse. El agua aportará una vitalidad maravillosa al elemento madera del rincón. Además este recibidor debe tenerse bien iluminado. Una lámpara de techo siempre será mejor que un aplique de pared porque distribuye mejor la luz llenando todo el espacio de energía yang. Esta disposición va a mejorar además el Feng Shui general de la vivienda.

Al oeste o noroeste

Si la puerta mira a una de estas orientaciones, o se halla en el sector correspondiente de la casa, colocaremos cerca de ella un paisaje de montaña. Lo mejor sería que el cuadro representase un par de cumbres gemelas, para simbolizar la influencia del sudoeste, cuya cifra es el dos. Todavía mejor si representamos una cadena montañosa de las que contienen abundantes vetas de oro nativo. Sin embargo, cuidaremos de que las cumbres no presenten un aspecto demasiado agudo, o triangular, para evitar la sugerencia del elemento fuego. Éste no sería oportuno en un sector de la casa caracterizado por el elemento metal, como son los oeste y noroeste. Si no conseguimos encontrar un cuadro idóneo, se puede colocar una cerámica decorativa cerca de la puerta principal.

Al nordeste o sudoeste

Si la puerta mira al nordeste o al sudoeste, estamos tratando con las energías de tierra, que son especialmente poderosas en lo que se refiere a activar la buena suerte en las relaciones. El sudoeste es tenido generalmente como el sector del amor y del matrimonio, y se le asocia también con la madre tierra como da a entender el trigrama kun. Para estimular estos rumbos de tierra y crear una preciosa intensidad yang, no hay nada mejor que los puntos de luz que despiden destellos brillantes. A este fin yo prefiero los candelabros de cristal con sus múltiples reflejos, que expresan el brillo de las amistades y las relaciones duraderas. Instale uno de estos candelabros cerca de la puerta principal. No sólo va a mejorar su vida social, sino que los cristales y su brillo atraerán además el chi de la buena fortuna.

orientada al sur o localizada en el sector sur se estima bien situada para potenciarla en orden a una vida social más movida. Para reforzar todavía más este aspecto podemos pintarla de rojo. No es necesario usar el rojo bermellón ni otros matices violentos de este color; un rojo amarronado servirá igualmente o incluso mejor, puesto que esta pintura es rojo (yang) mezclado con una parte de pigmento negro (yin). Si la puerta no mira al sur, véanse en el recuadro las técnicas que pueden utilizarse para acentuar la energía yang de las otras siete orientaciones.

*V*isualizar la pareja ideal de nuestra vida

El oficio de escribir acerca del Feng Shui trae algunas alegrías y una de las más grandes consiste en la posibilidad de llevar sonrisas a los rostros. Mis mejores cartas las recibo de lectores que han logrado emparejarse a través de mis libros. No sabía yo que existieran tantos corazones solitarios, hasta que empecé a recibir esas cartas de agradecimiento de lectores que se habían encontrado después de potenciar sus regiones del amor y del matrimonio. En sí ésta es ya una cordial recompensa.

Muchos descubrieron que el simple acto de colocar una pareja de multicolores patos mandarines en el rincón sudoeste de su dormitorio era suficiente para abrir los ojos a las oportunidades románticas. Otros descubrieron que el empleo de una luz roja e intensa, asimismo instalada en el rincón sudoeste, era especialmente poderoso para querer y hacerse querer. Hay muchas maneras diferentes de potenciar el afecto de un esposo o de una esposa, pero antes necesitamos estar seguros de que estamos preparados para responder a ese compromiso.

En las ideas tradicionales chinas sobre la vida y la familia, el Feng Shui establece una distinción bastante estricta entre matrimonio y enamoramiento pasajero. Para la tradición china, amor, matrimonio y familia acaban significando la misma cosa. De manera que cuando estimulamos los elementos del sector sudoeste para potenciar el matrimonio, al mismo tiempo estaremos activando la buena suerte de la familia. Por eso es preferible no potenciar la fortuna matrimonial si no estamos realmente decididos a contraer matrimonio.

Cuando plantamos un poste largo en el rincón sudoeste de nuestro jardín e instalamos allí una lámpara (que se encenderá todas las noches durante tres horas por lo menos), estamos activando la buena suerte matrimonial. El efecto será que todos los hijos e hijas de la familia en edad casadera no tardarán en verse asediados por pretendientes animados de intenciones honorables. Se habrán creado así oportunidades matrimoniales. Esa técnica en particular es muy poderosa para buscar cónyuge si es usted soltero o soltera. Téngase en cuenta, no obstante, que no se garantiza la perfección de ese cónyuge. Hace que madure la suerte matrimonial, pero no asegura que el emparejamiento sea necesariamente afortunado, ni siquiera duradero, ya que esa parte de la ecuación de la felicidad depende de la buena suerte humana y de la celeste, o lo que podríamos llamar el destino y el karma.

Por eso aconsejo siempre a mis amigos y amigas que procuren visualizar intensamente la clase de pareja que desean, tener una imagen fuerte y clara de la persona ideal con quien desearían compartir toda la vida. De no haber precedido esa meditación detallada, nuestras propias energías intrínsecas no estarían a punto para elegir la persona capaz de hacernos verdaderamente felices. Por lo general, cuando se discute acerca de posibles parejas para toda la vida la mayoría de los interlocutores están pensando en alguien que existe ya en sus vidas, alguien con quien tal vez incluso están saliendo pero que no se decide a dar el paso, a asumir el compromiso. Otras veces sucede que no tienen ni la menor idea de la clase de persona que buscan.

Intentar que una amiga o un amigo indeciso se nos declare seriamente viene a ser como querer utilizar el Feng Shui para fabricar un poción mágica de amor. Por desgracia el Feng Shui no funciona de esa manera. No sirve para despertar el interés de una persona a quien le somos indiferentes. En cambio se puede utilizar el Feng Shui para acelerar el proceso de la decisión o para atraer oportunidades genuinas de emparejamiento.

Si acertamos a intensificar la vitalidad del sector sudoeste, la buena fortuna de la tierra indudablemente nos ayudará a alcanzar una situación matrimonial y familiar. Resultará que nos presentan o conocemos por casualidad a alguien cuyo deseo de asentarse y fundar una familia es tan intenso como el nuestro. Muchas veces me he quedado estupefacta ante la celeridad con que actúa el Feng Shui algunas veces cuando se trata de poner en relación a unos posibles marido y mujer. Casualmente la semana pasada he recibido un e-mail de un joven muy feliz de Singapur que halló esposa poco después de potenciar su rincón matrimonial. Esta simpática y joven pareja está esperando actualmente su primer hijo.

Cuando fortalecemos de esta manera el rincón sudoeste también favorecemos eficazmente las oportunidades de concepción. Las energías de la madre tierra en el sector sudoeste se potencian mucho mediante la instalación de puntos de luz. No sólo la luz simboliza la energía yang, sino que en ellas se manifesta el elemento fuego, además, y éste engendra el elemento

Visualizar una pareja

Visualice el tipo de aspecto físico que le gustaría encontrar en su pareja. Delibere si tiene importancia para usted el aspecto físico. ¿Es necesario que ella sea guapa? ¿Es imprescindible que él sea alto? ¿Han de tener buen gusto y elegancia en el vestir? ¿Existe algún atributo físico que usted se consideraría incapaz de soportar, o costumbres que le parezcan intolerables? La raza humana se caracteriza por su tremenda diversidad. No es posible imaginar una composición de los rasgos que definen al esposo perfecto o a la esposa perfecta, aunque sí podemos imaginar las condiciones principales que nos causarían infelicidad, tedio o irritación. Mejor dilucidar con anterioridad en nuestra mente la lista y las prioridades, que tener que lamentarlo después.

A continuación sería útil pensar en los hábitos vocales y orales que nos gustaría encontrar en nuestra pareja. ¿Queremos que sea dulce y persuasivo en el hablar, o nos impacientaría tener que convivir con una persona así? ¿Preferiríamos un individuo enérgico y fuerte? ¿Nos gustaría más una persona que no fuese tan habladora? Los atributos de dicción, énfasis, actitud y matices del lenguaje corporal entran con mucho en la ecuación del atractivo físico. Una vez más, siempre es útil sentarse a pensarlo un poco a fin de poner en claro nuestras ideas.

Por último, piense qué características le gus-

tarían en cuando a actitudes ante la vida, mentalidad y motivaciones de su cónyuge ideal. Estas tres dimensiones constituyen la sustancia y las manifestaciones de la mente que definen el carácter de una persona. Que ésta sea o no compatible con usted depende de las maneras de contemplar el mundo, de las ideas, de los motivos que tiene para comportarse como lo hace y pensar como piensa. Sobre todo las motivaciones revelan mucho acerca de cualquier persona. Si medita en serio sobre estas cuestiones, verá que aprende al mismo tiempo muchas cosas acerca de usted mismo o usted misma. Y la meditación analítica de ese género ayuda mucho a crear las circunstancias que favorecen el encuentro con una pareja compatible.

En efecto, la compatibilidad con la persona destinada a formar hogar y familia con nosotros también depende mucho de nosotros. Las circunstancias bajo las cuales cristalizarán las oportunidades puede crearlas y mejorarlas el Feng Shui. Pero al complementar esta ciencia con la de la visualización meditativa, usted llegará mucho más pronto a la disposición adecuada para el logro del estado marital. Su pareja irá más de acuerdo con las aspiraciones secretas de usted. Y el resultado es una probabilidad mucho más alta de crear causas de felicidad, que no causas de infelicidad.

tierra. Estas dos situaciones reunidas crean lo que se suele llamar en chino *hei see*, que quiere decir ocasiones felices. Para cualquier chino, las hei see más importantes de su vida son la ceremonia del matrimonio, el cumpleaños de una persona longeva y un nacimiento.

Por tanto, si desea usted recurrir al Feng Shui para que le ayude a encontrar esposa o esposo, asegúrese antes de si realmente cree que el matrimonio le traerá la abundancia de la felicidad. A continuación piense qué tipo de mujer sería la esposa ideal para usted, o qué clase de hombre sería el marido perfecto. Piense en términos de aspecto físico, expresión verbal y mentalidad, y vea los consejos del recuadro.

El Feng Shui puede también disolver los impedimentos que se alzan en su camino hacia la felicidad. Es decir que cuando el Feng Shui de nuestro sudoeste se halla afectado por la presencia de unos sanitarios muy utilizados que coinciden hallarse en ese lugar de la casa, muy posiblemente nuestras oportunidades de felicidad conyugal se van por el desagüe cada vez que alguien tira de la cadena. De manera similar, si el sudoeste se halla ocupado por la cocina, estamos en una configuración poco favorable para la fortuna matrimonial. Y si la zona en cuestión sirve como cuarto de los trastos, la suerte matrimonial quedará en el estancamiento y la frialdad. ¿Hasta qué punto van a perjudicar el matrimonio (y las relaciones) estos aspectos desfavorables de la casa? Depende de los diferentes destinos de cada una de las personas que la habitan.

Si da la coincidencia de estar atravesando una época astrológicamente adversa, o que las influencias de las estrellas viajeras estén perjudicando a la parte sudoeste de la casa, en estas condiciones la mala suerte creada por el Feng Shui afligido sencillamente se agrava. Menudean entonces los infortunios causados por los fracasos de las relaciones, las querellas y los equívocos. La progresión numérica de las estrellas viajeras dan para el sudoeste una situación de localización afligida durante los años 2001 y 2004. En cambio, dichas estrellas daban situación favorable para el sudoeste en 1999 y 2000. Esta lectura aproximada debería complementarse con una investigación de las estrellas viajeras mes a mes y día a día de cada año, aunque dicho estudio se sale de los límites del presente libro.

Mejorar las oportunidades matrimoniales

El Feng Shui ofrece varios métodos diferentes para llamar a la abundancia de amor y felicidad con esa persona especial para nosotros. Muy pocas aspiraciones pueden compararse a la de encontrar el amor auténtico, y el Feng Shui puede mejorar fácilmente las posibilidades de uno para contraer matrimonio, si eso es lo que se desea.

Los patos mandarines son estupendos símbolos de la unión matrimonial. Cuelgue en su dormitorio un cuadro que represente una pareja de esas aves. También podemos comprar una pareja de patos de cerámica, de cristal o de piedra semipreciosa, con tal de que sea de color tierra. Es preferible no comprarlos de madera porque no son tan eficaces. Los patos hechos de cerámica o, mejor todavía, de piedra semipreciosa, conjuran una extraordinaria potencia al corresponder con el elemento del sudoeste, que es la tierra.

Por mi parte recomiendo la pareja de patos mandarines hechos de jaspe rojo. Ésta es una piedra especialmente idónea para incorporar símbolos de la buena fortuna en Feng Shui. El color rojo indica la presencia de la energía yang. Y también revela la presencia de la hematites, que para los antiguos chinos era la más valiosa de las semipreciosas.

La hematites u oligisto rojo contiene átomos de hierro. Posee la energía profunda de la tierra así como la del mar, y sus poderosas cualidades energéticas se conocen desde hace mucho tiempo. La relación entre el hierro y el campo magnético de la tierra podría explicar el carácter aparentemente inagotable de las energías de este mineral. Asociado con el cuarzo, se convierte en jaspe rojo, una piedra no menos rica en propiedades salutíferas y protectoras.

No hay que colocar un pato, ni tres. Una sola figura simbolizaría el aislamiento y la aflicción, y desde luego la soledad, por cuyo motivo los chinos siempre exponen por parejas los objetos y los símbolos de buen augurio. Y si tenemos tres patos, podría ocurrir que nos enfrentásemos a infidelidades y traiciones en nuestras relaciones amorosas. El matrimonio es cosa de dos, y tres es multitud.

Las parejas significan también la duplicación de la felicidad. Por lo que se refiere a la buena suerte matrimonial, esa duplicación se convierte en un símbolo de la felicidad conyugal. Por esto los chinos usan duplicado el ideo-

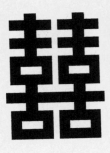

El doble símbolo
de la felicidad

grama «felicidad» como símbolo ornamental en los banquetes de bodas. También se coloca este doble signo de felicidad en la alcoba para que potencie la buena suerte matrimonial.

Usted puede fabricarse su propio símbolo de la felicidad calcando o ampliando la ilustración que acompaña a estas líneas. Cuélguelo de la pared a modo de póster y decórelo con flores. O guárdelo debajo del cristal de su tocador. Este doble símbolo de la felicidad es de muy buen augurio y además de la felicidad matrimonial atraerá otros tipos de buena suerte familiar.

La mejor manera de activar la buena suerte matrimonial, sin embargo, consiste en combinar el Feng Shui por elementos con el Feng Shui de la fórmula de la brújula. Por consiguiente, se trata de tomar dos disposiciones al mismo tiempo. En primer lugar, utilización del elemento fuego para activar el sector sudoeste. Instalaremos una luz brillante en ese rincón de nuestra sala de estar o nuestro dormitorio. En el ciclo de los cinco elementos, el fuego produce la tierra. Una luz brillante en el sudoeste va a estimular la producción del elemento tierra, que potencia el sudoeste. Esto, a su vez, facilitará la creación de oportunidades matrimoniales, puesto que el sudoeste representa la fundación de una familia.

En segundo lugar orientaremos nuestra cama de manera que durmamos con la cabeza apuntando a nuestra dirección personal nien yen. Éste es el rumbo que activa el amor, el matrimonio, la familia y las buenas relaciones en la vida. Hágalo aunque le obligue a colocar la cama desviada con respecto a la pared. Procure tomar correctamente la orientación, porque la potenciación del nien yen es del máximo buen augurio para todos los asuntos conectados con la familia y las relaciones sociales.

Si se quiere aprovechar los recursos de esa orientación, sin embargo, hay que tener presentes los tabúes generales del Feng Shui en lo relativo a las camas (véanse las páginas 95-99). Como sucede a menudo con todas las recomendaciones del Feng Shui, puede ocurrir que físicamente no sea posible disponer los muebles y las puertas en las posiciones y las orientaciones más favorables. Si nos vemos en una de esas coyunturas, nos será preciso recurrir a otros métodos. Por este motivo tengo la costumbre de ofrecer técnicas diferentes para activar la buena suerte en los

Cómo descubrir nuestra dirección nien yen

Número kua	Su orientación nien yen
1	sur
2	sudoeste
3	sudoeste
4	este
5	noroeste los hombres, oeste las mujeres
6	sudoeste
7	nordeste
8	oeste
9	norte

amores. No es necesario intentar todas y cada una de las medidas que se sugieren aquí. A menudo basta con seguir correctamente una sola técnica o método.

Para averiguar su rumbo nien yen personal, ante todo debe determinar el número kua que le corresponde (véase la página 65). Lo cual le permitirá consultar la tabla del recuadro, donde figuran las correspondencias entre los números kua y las orientaciones nien yen.

Potenciar la buena suerte matrimonial por sí solo no es suficiente. Hay que comprobar además que las energías yin y yang de nuestra casa o piso no generen vibraciones contrarias a esa aspiración. Esto significa que las energías masculina y femenina dentro de la vivienda deben reflejar un equilibrio adecuado.

Así, en el apartamento de una mujer que desea encontrar marido se evitará que esa vivienda presente un aspecto excesivamente femenino. Deben hallarse presente algunas notas de energía masculina. Si los cuadros colgados en las paredes representan exclusivamente personajes femeninos, si todos los sofás y sillones se hallan tapizados de motivos florales y todo está lleno de tapetitos de encaje y todas las combinaciones de colores sugieren exclusivamente las energías femeninas, va a ser bastante difícil conjurar la presencia permanente de un hombre en ese entorno. En Feng Shui los opuestos no siempre se atraen necesariamente.

De manera similar, los pisos que son leoneras o «picaderos» de soltero presentan un exceso de energía masculina. La energía femenina debe estar presente, o no habrá equilibrio yin-yang. Ese soltero va a tener dificultad en hallar una posible esposa, ya que desde el mismo instante de entrar ninguna fémina encontrará nada acogedor en semejante vivienda.

La mejor manera de diseñar el interior de un piso de soltero, chico o chica, y aunque no medien intenciones matrimoniales, es tratar de establecer una buena combinación de ambos tipos de energía, la femenina y la masculina. El predominio excesivo de una de ellas equivale a un desequilibrio que no puede ser de buen augurio, y que reduce las oportunidades de buena fortuna matrimonial y familiar.

Cómo activar las energías del amor

El mejor reactivador para una vida sexual espléndida (especialmente en el caso del hombre) es la presencia de la flor *mou tan*, o peonía. La peonía roja es el símbolo de la pasión más exquisita, lo cual se retrotrae a la tradición que relaciona la mou tan con una de las concubinas imperiales más célebres de la historia de China. Así, se cuenta que la legendaria Yang Kuei Fei, la concubina más famosa de China y favorita del emperador, gozaba de los secretos de la eterna juventud y belleza gracias a su gran afición a la flor mou tan.

Durante todo el año traían flores de esta especie desde todos los rincones de China para adornar los aposentos y la alcoba de la concubina en el palacio imperial. En este caso la flor parecía provista de virtudes mágicas, al modo de un afrodisíaco, y cargaba las habitaciones con tanta energía que el emperador nunca quería separarse del lado de su amante ni se cansaba nunca de hacerle el amor. Tan exclusivo era su amor hacia ella y tan sometida le tenía su voluntad, que era incapaz de negarle nada y en último término este amor obsesivo fue la causa de su caída. De ahí que el nombre de Yang Kuei Fei haya quedado en los libros de historia hasta nuestros días.

Desde entonces se tiene a la peonía por símbolo del amor sexual. Si tenemos la mou tan en nuestra casa, las hijas casaderas de la familia encontrarán buenos partidos, según se cree, que las querrán y adorarán como el emperador adoraba a su estimada concubina. La peonía se identifica con la mujer en la flor de su juventud. Durante los primeros años de vida conyugal se considera de buen Feng Shui tener peonías en la habitación de matrimonio.

Más adelante, sin embargo, cuando el matrimonio ha madurado y le han nacido hijos, no se debe seguir exponiendo peonías en la habitación. Se interpreta que entonces la joven se ha transformado en madre tierra y la peonía ha dejado de ser un símbolo adecuado para la alcoba conyugal. Si continúa presente la peonía en esa estancia, sólo servirá para potenciar una abundancia de infidelidad. El marido se aficionará a perseguir las faldas fuera del matrimonio, y si bien este comportamiento se admitía e incluso parecía bien en los viejos tiempos, hoy día la situación ha cambiado bastante.

En la actualidad, esas escapadas maritales son causa de infelicidad, porque la infidelidad contradice las expectativas morales que hoy se le plantean a los matrimonios. En consecuencia, guardaremos ese cuadro de las peonías hasta que las hijas lleguen a la edad núbil. Sólo entonces, cuando tengamos hijas casaderas, volverá a tener su lugar en la sala de estar para que active las energías del amor apasionado, pero esta vez en beneficio de la generación siguiente.

Otro modo excelente de potenciar la felicidad conyugal es asegurarse de que tanto el marido como la mujer duerman de acuerdo con sus respectivas orientaciones nien yen. Así se dará la abundancia del amor en sus vidas. En el caso de que no coincidan esas orientaciones para el esposo y la esposa, se les aconsejaría que tuvieran camas separadas, cada una de ellas orientada según la nien yen óptima para cada cónyuge. Una vez más resulta que esto no siempre será realizable porque las alcobas de los pisos modernos son demasiado reducidas para dar cabida a dos camas separadas y orientadas de distinta manera. En tal caso se considera que la mejor solución será dormir con la cama orientada según el rumbo nien yen correspondiente al esposo.

Si esta solución ofende la sensibilidad de mis lectoras, les ofrezco la que he adoptado yo misma. Mi marido y yo pertenecemos a grupos diferentes en lo que se refiere a rumbos de la brújula favorables; las orientaciones que a mí me atraen buena suerte, a él le originan problemas, y viceversa. En la primera época de nuestra vida común seguí el principio que acabo de describir y dormía de acuerdo con la orientación nien yen más favorable para mi marido, lo cual favoreció nuestra buena fortuna matrimonial, y fue uno de los métodos que utilizamos para potenciar la buena suerte de mi esposo en el sentido de engendrar descendencia. Pero ahora que han pasado bastantes años, cada uno tiene su dormitorio y su cama aparte. Como resultado, ambos disfrutamos una abundancia de suerte espléndida en muchos aspectos diferentes de nuestras vidas, sin exceptuar una convivencia amorosa extraordinaria.

Un consejo especial para las mujeres

A mis amigas casadas siempre les recuerdo que el Feng Shui es una ancestral ciencia china. En consecuencia, muchas de las recomendaciones y los principios del Feng Shui van encaminados a conferir éxito, riqueza, felicidad y longevidad a la familia patriarcal. Otra cosa con que el Feng Shui contribuye para todas las familias es una descendencia abundante, y más particularmente de hijos varones que perpetúen el apellido. Y también que no le falten concubinas al patriarca de la familia. De tal manera que muchas de las técnicas que crean la prosperidad para la familia se orientan, implícitamente, a la existencia de numerosas esposas e hijos.

En efecto, el éxito familiar, en el contexto tradicional, no sólo se medía en función de la riqueza, los cargos o el prestigio del patriarca, sino también por el número de segundas esposas y concubinas que éste mantuviese en su casa. ¡Al igual que el emperador, los dignatarios de la antigua China solían tener todo un harén!

En el contexto de la vida moderna, sin embargo, creo que vienen a cuento algunos consejos Feng Shui especiales para mis lectoras casadas. Cuando usted activa la buena suerte de su hogar con intención de atraer la riqueza y la prosperidad, al mismo tiempo debe permanecer atenta a los peligros ocultos. Asegúrese de que no está potenciando las tendencias donjuanescas de su esposo, o lo que sería peor, la posibilidad de que abandone el domicilio conyugal para juntarse con otra mujer. El Feng Shui, diseñado en principio para conjurar la riqueza y la prosperidad sobre un hogar, inadvertidamente puede favorecer la infidelidad matrimonial.

Por último, unas palabras de advertencia sobre los objetos de agua. Son estupendos para activar la buena fortuna de la prosperidad, en especial las cascadas en miniatura, los acuarios y los estanques con peces, o las representaciones simbólicas de esos objetos. Pero hay que tener cuidado con la colocación de esos adornos. Por ejemplo, no se debe tener ningún símbolo de agua a la derecha de la puerta principal. Eso daría un marido propenso a correr aventuras extraconyugales. Cuando decimos a la derecha se entiende mirando a la calle, como si dijéramos, desde el recibidor.

El objeto o símbolo de agua tiene su lugar junto a la puerta principal, pero siempre que se halle a la izquierda, lo mismo si está en el recibidor como fuera, al otro lado de la puerta. La buena fortuna que traen será mayor si la localización coincide con un rincón este, sudeste o norte del jardín. Pero si cualquiera de estas orientaciones implicase tener que situar el objeto a la derecha de la puerta según se mira hacia fuera, en realidad sería mejor prescindir de él, porque ¿de qué le serviría a usted la prosperidad, si con ello pierde a su esposo? Eso no sería traer la abundancia, sino en todo caso una abundancia de infelicidad.

Los que tienen casas con piscina deben prestar mucha atención a la localización de la piscina. Si ésta se halla a la derecha de la puerta principal (según se mira hacia fuera desde dentro de la casa), resulta sumamente probable que tengamos problemas de infidelidad. Si alguna de mis lectoras descubre que tiene su objeto o símbolo de agua al lado equivocado de la puerta, tiene dos soluciones: suprimir o clausurar el objeto de agua, o cambiar la situación de la puerta.

En segundo lugar, tendremos mucho cuidado con los símbolos que tengamos en la alcoba. He advertido ya en contra de tener cuadros con peonías en la habitación, o más exactamente, cuadros de ningún género de flores. Las flores en la alcoba significan la presencia de muchas mujeres en nuestra vida... como en los viejos tiempos, cuando los hombres tenían muchas esposas secundarias y concubinas. Por tanto, no consienta que se cuelguen cuadros de flores en la habitación conyugal, ni mucho menos cuadros de desnudos femeninos por muy artísticos que le digan que son. Si su esposo se empeña, que tenga esos cuadros en su gabinete o en cualquier otra parte de la casa, excepto en el dormitorio común.

Más sobre espejos

Todavía más crítica que la presencia de flores en la habitación lo es la de espejos que reflejen directamente el lecho conyugal. El efecto de los espejos, o de cualquier superficie reflectante encarada a la cama, es el de introducir discordias entre los esposos debidas a la intrusión de terceras personas. Habrá peligro de infidelidad por parte de cualquiera de los dos cónyuges (véanse también las páginas 97-98). Si el espejo de la habitación no refleja la cama, no hay problema. De ahí que sea buena costumbre colocarlos en la misma pared del cabezal y desplazados con respecto a éste; por lo general no deberían suscitar dificultades de Feng Shui.

Los espejos y otras superficies reflectantes, como las pantallas de los televisores, pueden originar largos alejamientos entre los esposos. Lo cual no significa necesariamente divorcio ni separación, como sería el caso de una ruptura matrimonial. Puede tratarse de desencuentros debidos a viajes de negocios y otras obligaciones profesionales. Si prefiere usted que su esposo no se ausente por tales motivos con demasiada frecuencia, y si quiere que su matrimonio no se vea en peligro por los bonitos ojos de alguna jovenzuela que se fije en su marido, quite todos los espejos que miren directamente a la cama.

Los espejos interiores de las puertas de los armarios, por cuanto quedan ocultos al cerrar no causan estos efectos negativos. Como se ha mencionado en la página 97, tampoco son de temer dificultades si se corre una cortina delante del espejo. En cambio los espejos de techo, como no pueden ocultarse, originan muchos trastornos en los matrimonios así como en todas las relaciones serias.

8 Una abundancia de buena suerte familiar

Que nadie se llame afortunado
mientras no tenga familia todavía.

En las pautas de vida y convivencia de los chinos, no tiene sentido la existencia humana que no forme parte de una familia. Ésta se considera como la unidad fundamental, alrededor de la cual giran la sociedad y el estado. La familia representaba y en muchos sentidos sigue representando el foco tradicional del éxito y demás aspiraciones. La abundancia y la prosperidad se miden siempre con referencia al apellido familiar.

En muchas definiciones Feng Shui de la prosperidad, por tanto, se habla de bienestar familiar, prestigio familiar y descendencia familiar como atributos significativos. Nadie que no tenga familia se atribuirá una suerte definitiva, como tampoco cuando el apellido haya sufrido algún tipo de deshonra, o falte el descendiente varón susceptible de continuar la genealogía. O mejor dicho, no se concibe infortunio más grande que la extinción del apellido familiar con el fallecimiento del último vástago varón. Por eso, cuando en una familia no quedaba ningún sobreviviente masculino la matriarca quedaba encargada de la responsabilidad de buscar un heredero adoptivo.

El Feng Shui se orienta directamente a la unidad familiar. Así los ocho lados del Pa Kua aluden a una familia que tenga seis hijos, tres hombres y tres mujeres. El lugar del padre es el noroeste y el de la madre siempre es el sudoeste, rincón al que siempre beneficia el esfuerzo mancomunado de las mujeres de la casa.

El primogénito varón de la familia se identifica con el este, que es el sector representativo del crecimiento y el progreso. En la Ciudad Prohibida de

Beijing (Pekín) las infantas de la familia imperial tenían sus aposentos en el ala oriental del complejo palaciego. Éste es el lugar del elemento madera y esta parte siempre se beneficia de la presencia de unas plantas lozanas y de crecimiento saludable.

El lugar de la hija mayor es también el sector de la madera, pero en este caso se trata de la madera pequeña, que guarda correspondencia con el sudeste, también simbolizador del crecimiento y el desarrollo. El trigrama de ese rumbo es *sun*, que hace referencia al viento. Los dos rincones este y sudeste son los más diáfanamente relacionados con los vástagos jóvenes de la familia; en este sector de la casa crecerán sanos y fuertes hasta bien entrada la adolescencia.

*C*ómo activar la suerte del patriarca familiar

La localización que se vincula al patriarca de la familia es el noroeste. Aquí el trigrama es *chien*, formado por tres líneas continuas. Es el rincón más yang de la casa. Es la parte más importante para toda la familia, puesto que la suerte del patriarca determina o determinaba en buena medida la de toda la unidad familiar. Él gana el sustento y de su prosperidad económica dependen todos.

Cuando falta ese rincón noroeste de la casa, la fortuna del patriarca (y por extensión, la de la familia) se ve seriamente comprometida. No tendrá el tipo de suerte que se vincula al progreso en la carrera profesional y el aumento de los ingresos, y eso se traducirá en una desesperante falta de oportunidades. A veces, cuando falta el rincón noroeste, la familia ni siquiera cuenta con la presencia de un patriarca. Esto puede significar, o bien largas ausencias en viajes de negocios, o que se ha establecido en otro lugar para crear una «segunda» familia. Vale decir por tanto que la ausencia del rincón noroeste en la planta de una casa o un piso es una aflicción severa, y que no se debe reparar en medios para corregir esa situación. A este efecto contamos con varios recursos enteramente fiables.

Uso de un espejo

La colocación de un espejo de pared puede «ampliar» aparentemente la vivienda y suplir el rincón noroeste que falta. Pero sólo si la pared donde vaya a instalarse corresponde a la sala de estar o al comedor. Será doblemente auspicioso si el espejo refleja una actividad habitual, lo cual prestará la preciosa energía yang a lo que yo llamo el rincón noroeste «virtual». Si vamos a utilizar un espejo a este efecto, procuremos que revista toda la pared, no sea que aparezcan cortadas las cabezas o los pies de los habitantes por colocarlo demasiado alto o demasiado bajo. Debe ser espejo entero, no en forma de azulejos reflectantes que parecen recortar o cuadricular las imágenes reflejadas. De hecho, las cuadrículas reflectantes son perjudiciales en cualquier parte de la casa que se coloquen, incluso el cuarto de baño, por lo cual sería recomendable prescindir de ellas por completo.

También es necesario que ese espejo completo de pared no refleje la puerta principal. Esto significaría que la buena suerte habiendo entrado en la casa sería rechazada y devuelta otra vez al exterior. Si refleja un tramo de peldaños ascendente, la suerte se disipará hacia «ninguna parte»; y si el tramo de escalera es descendente, la suerte descenderá y desaparecerá. Tampoco debe reflejarse en él ningún sanitario, porque el efecto vendría a ser lo mismo que colocar un sanitario en el rincón noroeste, configuración desgraciada donde las haya y sobre todo para el patriarca.

Ya vemos, pues, que no siempre va a ser posible el empleo de los espejos de pared para suplir virtualmente una esquina faltante. Si ésta se halla próxima al dormitorio también podría resultar desaconsejable la colocación de un espejo si corremos el riesgo de que se refleje la cama en él (cf. páginas 97-98 y 132-133). Si coincide con nuestra situación cualquiera de los supuestos anteriores, el diagnóstico es que no pueden colocarse espejos de pared para corregir la falta de ese rincón.

Instalar puntos de luz brillantes

Otra solución para la ausencia del rincón noroeste sería la de instalar en el lugar correspondiente algunas luces muy brillantes. Lo cual se evidenciará más fácil si tenemos un jardín; en ese caso podemos tratar de regularizar la forma de nuestra casa colocando un farol grande y potente en el lugar que ocuparía el rincón que falta. Y digo grande porque conviene que su altura sea igual a la de la casa misma, lo cual añade otro efecto de buen augurio porque esa disposición crea una energía yang favorable en dicho sector de la vivienda.

Caso de no tener jardín, o de imposibilidad de instalar un farol en esa parte del jardín, se puede recurrir al empapelado para crear una especie de prolongación visual de la pared menoscabada por la falta del rincón. Y de no encontrar el papel adecuado, también podemos colgar un cuadro grande, o una ampliación, que represente un patio o jardín. Un papel con perspectivas que simulen panoramas con profundidad tridimensional aumentará visualmente las dimensiones de la estancia. Este tipo de efecto lo utilizan a menudo los interioristas, y con muy buenos resultados. También sirve para mejorar el Feng Shui de una vivienda. Sin embargo puede evidenciarse como una solución cara, ya que muchas veces será preciso encargar papel pintado a mano por un artesano o artista versado en este tipo de aplicación.

Colgar un carillón

Para mejorar el rincón noroeste y potenciar la buena suerte familiar, colgaremos un carillón de seis varillas metálicas en la localización correspondiente al noroeste, tomando como referencia para ello, o bien la planta entera de la vivienda, o el rincón noroeste de la sala de estar. El carillón es uno de los mejores símbolos que pueden emplearse en este sector, porque guarda armonía perfecta con el elemento que lo preside.

Colgar una campanilla de metal en esta parte noroeste también es un remedio excelente para vigorizar las energías. Las campanas simbolizan la buena reputación y la presencia de este objeto en nuestra casa traerá la buena fortuna propicia a la familia.

El valor de los símbolos de la buena fortuna

El mejor método para producir buen Feng Shui en favor del patriarca o cabeza de familia puede consistir probablemente en instalar un montón de piedras pulidas y decorativas en el rincón noroeste. Si se desea, podemos pintarlas de purpurina para simular la presencia del oro. Ésta es una técnica de muy buen efecto porque el elemento que corresponde al noroeste es el metal grande, que se identifica con el oro en la terminología del Feng Shui. El montón de piedras representará el elemento tierra, que es donde se encuentra el oro. Las energías creadas de esta manera se hallarán, por tanto, en equilibrio y armonía.

Para reforzar estas aplicaciones de Feng Shui simbólico, en el momento de colocarlas practicaremos una visualización potente de las piedras como «oro en el lugar celestial», dado que el trigrama chien del noroeste representa asimismo el cielo. Tómese con calma sus expectativas de éxito, no obstante. No hay razón para atribuir excesiva trascendencia a la localización de los símbolos de la buena fortuna; pero por otra parte, conviene no ser demasiado frívolos.

El Feng Shui no es una práctica espiritual cuyos efectos dependan de la fe que pongamos en ellos. Usted no necesita «creer» en el Feng Shui para que le traiga buena suerte ni para corregir la mala suerte. Además sería inoportuno crear las grandes dosis de energía negativa que produce el exceso de ansiedad en la espera de los resultados.

Yo siempre me tomo con tranquilidad absoluta lo tocante a los símbolos de buena suerte que he decidido utilizar en mi casa. Durante la colocación de estos objetos por lo general procuro concentrarme y enfocar mis energías con el máximo vigor; pero una vez cumplida la tarea, prefiero olvidarlo todo, confiando en que mis disposiciones aportarán, a su debido tiempo, buenas rachas de suerte favorable para mi familia y para mí.

A efectos de variedad y amenidad, prefiero utilizar versiones diferentes de los mismos símbolos. Puesto que se trata de decorar la casa, es bueno que el efecto de conjunto resulte agradable. Además, creo mucho en la utilidad de engendrar nueva energía yang cambiando de lugar los muebles cada pocos meses. Esto, además de facilitar el barrido y el fregado de rincones y resquicios para quitar el polvo, me permite purificarlos y bendecirlos con un incienso especial y otras técnicas específicas Feng Shui de depuración del entorno.

Cómo evitar que el sustento de la familia se vea afectado por un mal Feng Shui

Las cosas que afligen al rincón noroeste son la presencia de un sanitario, una cocina o un cuarto trastero. Sería aconsejable no escatimar en gastos para remediar esas configuraciones desafortunadas, a fin de reducir o eliminar del todo las causas de mala suerte doméstica susceptibles de afectar al patriarca, entendido éste como la persona que aporta el sustento. Los sanitarios localizados al noroeste se llevan por el desagüe toda la buena fortuna del patriarca familiar. En tal caso se hace necesario reprimir simbólicamente las energías negativas creadas por esa instalación (véanse las páginas 107-108).

Cuando la cocina se localiza al noroeste y peor aún, además tienen la misma orientación los fogones o los quemadores respecto a la estancia en su conjunto, los resultados pueden ser bastante desastrosos. Un fuego abierto utilizado para cocinar y puesto al noroeste crea la situación equivalente a un incendio en la puerta celestial. Esto no es una mera imagen, sino una configuración auténticamente trágica y desastrosa, por lo cual se deberán redistribuir sin pérdida de tiempo esos fogones o quemadores para que cese la aflicción que afecta a nuestra vivienda.

Si no cocinamos sobre llama abierta, o si lo principal de nuestra actividad culinaria se realiza dentro del horno sin fuego expuesto al exterior, la situación no es tan problemática y bastará, para reprimir la mala suerte creada por la localización de la cocina, que instalemos un carillón de cinco varillas. El mismo procedimiento serviría para contrarrestar la presencia de un cuarto trasero en esa localización.

Si tenemos al noroeste los sanitarios, una cocina o un cuarto de los trastos, está contraindicado tratar de potenciar ese rincón mediante símbolos de la buena fortuna. El elemento energizante resultaría afectado por el influjo negativo y el efecto no será el de aportar prosperidad ni felicidad.

*E*l lugar de la matriarca

Bueno es proteger el Feng Shui del sector noroeste, pero también tiene su importancia el sudoeste representado por el importante trigrama *kun*, el de las tres líneas cortadas. Éste es el lugar de la madre, donde el elemento tierra cobra una significación extraordinaria. Del sudoeste se dice que es el receptáculo de toda la buena suerte familiar de la casa. Si colocamos una pieza grande de cerámica, terracota o similar en ese rincón, haremos posible que se acumule y se asiente una gran cantidad de chi. Lo cual aporta una abundancia de buena fortuna extraordinaria en beneficio de toda la familia, porque en Feng Shui se interpreta que la buena fortuna de una familia deriva siempre de los desvelos de la matriarca.

Los chinos adinerados suelen colocar al sudoeste grandes urnas ornamentales de cerámica o jarrones gigantes decorados con emblemas de la buena fortuna, como las flores o los frutos, que se desea conjurar sobre la familia. Estos recipientes se dejan vacíos, ya que están destinados a contener las energías positivas que se supone confluyen en ellos.

Por tanto, no hay que poner flores en esos receptáculos simbólicos de la buena fortuna. Si lo hiciéramos sugeriríamos la presencia de agua y se crearía un exceso de yin. Al tenerlos vacíos, atraen el chi porque se entiende que las energías acuden a llenar los huecos.

Algunos maestros del Feng Shui utilizan las urnas para atrapar el chi estancado o letal. Ésa es también una medida muy eficaz si tenemos un rincón sudoeste mal aspectado. Si está ocupado por unos sanitarios, pongamos por caso, el matrimonio resultaría desfavorablemente afectado y la matriarca sería muy desgraciada.

Por lo general, las urnas y los jarrones destinados a atraer el sheng chi beneficioso tienen barriga redonda y cuello estrecho. Los que sirven para atrapar y recoger el chi perjudicial son anchos de base y boca.

Personalmente no soy partidaria de usar urnas para aprisionar el aliento letal, cuando ello se hace en el sector sudoeste. Puesto que éste es un rincón de tierra, me parece preferible recurrir a los recipientes de cerámica para que atraigan el sheng chi, o aliento del dragón bondadoso.

Cuando un rincón está afligido por la presencia de unos sanitarios, prefiero emplear los símbolos chinos que capturan el mal chi, y el mejor de éstos es la pagoda simbólica de cobre.

En general la figura de la pagoda es una excelente trampa que retiene y controla el shar chi o aliento letal.

En nuestro caso, colgaremos un carillón metálico que lleve la figura de la pagoda grabada o de molde, y con esto podremos neutralizar el efecto negativo de la instalación sanitaria. Esta clase de carillones se encuentran en las tiendas de chucherías y los bazares chinos, y son realmente muy baratos. No cuelgue los que vienen con móviles de los que cuelgan siluetas de peces y otros símbolos por el estilo; ésos no son adecuados para disipar la mala suerte.

Cuando tenemos unos sanitarios al sudoeste, todas las mujeres de la casa padecerán problemas en su vida amorosa. Por ejemplo, salir con hombres que las engañan y se aprovechan de ellas, o que no son de su clase. Si la familia tiene hijas en edad casadera, ese sudoeste mal aspectado va a perjudicar mucho sus oportunidades de lograr buenos enlaces. La configuración mencionada también afecta a las perspectivas matrimoniales de los hijos varones, o las mujeres con quienes se casen éstos tardarán mucho en adaptarse e incorporarse a la familia.

Hay ocasiones en que un rincón sudoeste desfavorecido (por la presencia de unos sanitarios o de una esquina afilada) origina discordias entre las mujeres de la familia. Es el caso de las madres y las hijas que no se llevan bien, de las querellas entre hermanas que conviven en la misma casa. En suma, es una causa de constantes fricciones y falta de armonía.

Cuando el sudoeste recibe además otros influjos nocivos desde el punto de vista del Feng Shui, el matrimonio será desgraciado por causa de las discordias entre marido y mujer. En este orden de cosas se desconfiará de los pasillos largos con la habitación conyugal al fondo, o si el sector está mal mirado por una esquina, o tiene vigas vistas que le comunican un ambiente pesado y amenazante.

Para contrarrestar el efecto de las flechas envenenadas interiores de este género, podemos fortalecer el rincón sudoeste con un montón de piedras atadas con hilo rojo. Esto refuerza el elemento tierra del rincón y también potencia la buena suerte matrimonial aportando oportunidades de casamiento a los hijos e hijas en edad de merecer. La presencia de estas rocas, bien cargadas de energías positivas, favorecerá también la felicidad del matrimonio entre los ya casados.

El hecho es que cuando el rincón sudoeste tiene un buen Feng Shui, toda la familia disfruta de armonía y felicidad. Si plantea dificultad esto de tener un montón de piedras dentro de la casa, pueden reemplazarse por cualquier otra cosa que represente adecuadamente el elemento tierra. Así un paisaje de montaña es un sustituto excelente, o incluso una concreción natural de cristales de cuarzo. Otra alternativa sería instalar un globo terráqueo en ese rincón sudoeste, ya que representa la Tierra misma.

Todas estas técnicas para potenciar el rincón sudoeste se complementan idealmente con disposiciones de iluminación. Mi favorito personal es el candelabro de cristal, como tengo dicho, ya que duplica la abundancia de la tierra. No me cansaré de repetir que el fundamento más principal del Feng Shui es la buena fortuna de la tierra, a distinguir de la fortuna celestial y la fortuna humana que creamos nosotros mismos. Los chinos están convencidos de que estos tres tipos de suerte influyen por igual en la orientación y la calidad de nuestra vida.

Cuando potenciamos por medio del Feng Shui, por tanto, tratamos de reforzar la buena fortuna terrestre y por tanto el elemento tierra reviste importancia especial. Las luces (elemento fuego) crean los cristales (elemento tierra). Más exactamente, los cristales (sean cristalizaciones naturales, o bien fabricados por el hombre) representan la riqueza de la tierra y traerán buena suerte casi en cualquier lugar donde los pongamos. Pero su potencia se manifiesta expresamente cuando se posicionan en el rincón sudoeste, porque ése es el rumbo vinculado a la tierra grande. Los otros dos sectores de tierra de la casa son nordeste (tierra pequeña) y el centro.

Si le gustan los cristales de cuarzo, puede exponerlos sobre una mesita puesta al sudoeste, y si ata un hilo rojo alrededor del cristal intensificará todas las poderosas energías de éste, en virtud de la emanación yang propia del hilo rojo.

*C*ómo activar la suerte familiar

Cuando el sudoeste disfruta de un buen Feng Shui, por lo general la familia vivirá en estado de buena armonía. Habrá pocos conflictos entre marido y mujer. Las rivalidades y las diferencias entre hermanos no existirán. Predominará la felicidad y un sentido de gran unión entre los miembros de la familia. Este tipo de abundancia muchas veces trae más felicidad y más satisfacciones que la prosperidad en términos de riqueza material.

La buena suerte familiar significa convivir, seguir unidos, y también que los miembros de la familia se guardan lealtad y se defienden mutuamente. Para potenciar este tipo de buena fortuna, es importante fijarse en el Feng Shui de la parte central de la casa.

De esta zona se cree que representa la fortuna de la relación entre los distintos miembros de la familia, y las estancias mejores que se localizan en ella son la salita de reunión familiar o el comedor. Cuando el centro de la casa es el lugar donde se reúne la familia al término de cada jornada, significa que el corazón de la casa se llena de jubilosa energía yang. Hay vitalidad, afecto mutuo y felicidad. Comen en el centro de la casa y juegan en el centro de la casa; el corazón late felizmente, y todo lo demás goza de un buen Feng Shui.

Se potencia el centro de la casa aumentando la presencia de la energía de tierra. Situaremos ahí un candelabro de cristal para crear una buena fortuna maravillosa. Pero no una escalera, que nunca debe hallarse en el centro y mucho menos si es una escalera de caracol, que da la figura de un sacacorchos mortífero clavado en el corazón del hogar. Los resultados de esa disposición suelen ser muy trágicos. Si nos tropezamos con esa configuración, conviene cambiarla sin demora. O se desplaza la escalera de caracol al margen, o si esto no es posible tratemos de cubrir, al menos, los vacíos entre los peldaños, ¡de lo contrario la prosperidad de la familia desaparecerá, simplemente huyendo por la ventana!

Las escaleras circulares de gran espectáculo surten los mismos efectos cuando se localizan en el centro de la casa. Tengo entre mis amistades algunas personas muy adineradas, nuevos ricos que mandaron construir verdaderos palacios con escaleras circulares puestas en el centro y, peor aún, enfrentadas a la puerta principal. Es verdad que esta disposición permitía que los dueños de la casa hicieran «su entrada» con gran pompa y aparato, por ejemplo cuando daban recepciones. Pero lamento tener que comunicar que todos los que edificaron así sus mansiones se han visto adversa y severamente afectados por la crisis económica asiática. Es de buen Feng Shui que las escaleras tengan un perfil curvado, pero no colocándolas en el centro de la vivienda sino en una ubicación más bien lateral.

Puesto que nos referimos a las escaleras, debo advertir de paso que las circulares no deben revestirse (bajo ninguna circunstancia) de alfombra roja, sobre todo si la escalera se sitúa en el centro de la casa. En esta situación el rojo representaría la sangre y ésa es otra de las disposiciones que auguran grandes desgracias e infelicidad para la familia.

Los sanitarios, las cocinas y los cuartos trasteros tampoco deben ocupar jamás el centro de la vivienda. La localización de sanitarios en este lugar crea máximas cantidades de shar chi para la familia. Es una distribución sumamente desafortunada. No sólo se lleva por el desagüe la fortuna y los ingresos de la familia, sino que además origina grandes dosis de infelicidad y falta de entendimiento. Si tenemos unos sanitarios en el centro de la casa sufriremos deprivación, sencillamente porque las energías de la casa se van por las cañerías. Con ellas se va también la buena fortuna de la familia, y por tanto, conviene corregir esa disposición cuanto antes cambiando de lugar esos sanitarios, o dejando de usarlos. Si no es posible quitar los sanitarios, véanse varias soluciones correctoras en las páginas 107-108, que contrarrestarán ese exceso de energía yin.

En cambio el centro de la casa es el lugar ideal para colgar un feliz retrato de familia. Deben aparecer todos los miembros de ésta y todos deben presentarse con cara de contento, vestidos con sus mejores galas y con aire de triunfadores. El patriarca se retratará siempre sentado, y la matriarca luciendo todas las joyas de la familia. La idea general consiste en crear un aura de abundancia, y dar una impresión duradera de familia afortunada, satisfecha y completa. Al crear este género de impronta en el centro de la casa producimos energías maravillosas que favorecen la unión de toda la familia.

También se garantiza que ésta seguirá unida aunque los hijos sean mayores y se hayan marchado para crear sus propios hogares. De esta manera seguirán celebrándose las fiestas y reuniones y por lejos que estén los hijos de esa familia para estudiar o trabajar, siempre volverán al hogar si usted cuelga ese cuadro de la familia feliz completa en el centro. Además mantendrán contactos frecuentes de unos a otros y los hermanos se llevarán estupendamente. Se entiende que en esos retratos sólo deben aparecer los familiares directos del patriarca.

La composición del retrato, es decir la manera de posar los miembros, también tiene su significado Feng Shui. Yo prefiero la composición triangular, que asigna el vértice más alto al personaje principal. Esta figura recuerda el elemento fuego y manifiesta simbólicamente la energía yang. Los retratos familiares así concebidos manifiestan ese tipo de buena fortuna. También es posible crear una composición que recuerde el elemento agua y manifieste, por consiguiente, aspiraciones de riqueza, o el elemento madera, que significaría un afán de crecimiento y progreso. El elemento agua lo daría una composición ondulada, y el elemento madera una distribución rectangular de los retratados.

Las actividades familiares como mirar la televisión o las partidas de cartas y otros juegos crean un excelente Feng Shui cuando se desarrollan en el centro del hogar. Esto es así porque esas actividades crean una intensidad yang y cuando el corazón de la casa está pletórico de energía yang, se produce un Feng Shui familiar de calidad magnífica.

Potenciar la suerte de la descendencia

El Feng Shui ofrece una esperanza magnífica a las parejas sin hijos. Si usted desea tenerlos pero ha sufrido dificultades para engendrarlos o no encuentra un niño que adoptar, quizá debería considerar si hay algo en su casa que crea impedimentos y obstáculos y le dificulta el tener descendencia. Esto fue lo que nos pasó a mi marido y a mí. Durante muchos años intentamos tener hijos y no hubo suerte, hasta que llegó el momento en que casi abandonábamos toda esperanza. Hablamos con muchos médicos y ensayamos todos los consejos que nos dieron, pero sin resultado, hasta que mi profesor de kung fu, el señor Yap Cheng Hai, que también es entendido en Feng Shui, visitó nuestra casa y diagnosticó las causas de nuestra falta de hijos.

El señor Yap me explicó que nuestro hogar, aunque acogedor y bien decorado, tenía varias características que conspiraban para traernos un mal Feng Shui. Para empezar, nuestra puerta principal era de cristales (gran tabú para los expertos). Segundo, que tenía plantado frente a la casa un árbol ornamental gigantesco que nos enviaba la suerte más nefasta imaginable. Tercero, la escalera interior de la casa desembocaba directamente en la entrada. Poco podíamos hacer para remediar estas tres aflicciones Feng Shui principales.

Finalmente nos mudamos a una casa construida ex profeso para nosotros. Las obras duraron unos tres años, durante los cuales mi marido y yo vivimos temporalmente separados. La antigua casa se había evidenciado desastrosa también para nuestro matrimonio. Cuando reanudamos la convivencia la nueva casa estaba terminada y el señor Yap nos había ayudado a diseñarla teniendo en cuenta todas las disposiciones para activar la buena fortuna en cuanto a la descendencia.

Durante el proyecto de la casa elegimos el sector correspondiente a la orientación nien yen de mi esposo para ubicar el dormitorio (véase la página 127), y para conferir aún más energía al tipo de buena fortuna buscado, se colocó la cama de manera que él quedase orientado con arreglo a su rumbo nien yen personal. Según explicó el señor Yap, cuando se trata de tener hijos es la fortuna procreadora del marido la que conviene reforzar, no la de la esposa. Este sistema Feng Shui para concebir sólo funciona, como es lógico, en ausencia de impedimentos médicos por parte del hombre o de la mujer.

El señor Yap nos sugirió también que cuando quisiéramos tener un hijo colocásemos una pareja de elefantes de cerámica dentro del dormitorio, a uno y otro lado de la puerta. La sugerencia obedecía a la antigua creencia china en el elefante como precioso símbolo de fertilidad que engendra hijos varones. Pero yo deseaba en mi fuero interno tener una hija y como a mi esposo le daba lo mismo, preferí dejar que la naturaleza siguiera su curso. Además mi fe en la eficacia del Feng Shui no era muy grande por aquel entonces. Para mayor júbilo por nuestra parte, Jennifer fue concebida a los cuatro meses de nuestra entrada en la nueva casa.

Nació durante el décimo año de nuestro matrimonio, que en aquellos momentos no era muy firme, pero cuando llegó ella nuestras relaciones tomaron mejor cariz. De esto hace 21 años, y seguimos viviendo en la misma casa, ahora considerablemente ampliada, ya que nuestras fortunas han mejorado constantemente y además nuestro Feng Shui se ha perfeccionado de una manera sistemática conforme yo iba adquiriendo nuevos conocimientos. Nuestra hija es ya una mujer adulta y la familia sigue unida pese a los muchos altibajos del pasado.

El Feng Shui me ayudó a crear una familia, pero no sólo a mí. La posibilidad de activar la buena fortuna de la descendencia ha dado gran felicidad a numerosos clientes del señor Yap en el decurso de los años. Mi profesor me ha contado que cuando uno de los cónyuges está imposibilitado para procrear por razones médicas, los mismos procedimientos de activación de la buena fortuna allanarán el camino de la adopción a la pareja.

Según muchos tratados chinos de Feng Shui, la alcoba del emperador en la Ciudad Prohibida estaba siempre decorada con la representación de un centenar de niños, símbolo de las uniones fértiles que le deparasen una numerosa progenie de principitos. De esta manera se garantizaba que no faltasen varones a la línea sucesoria del trono. Colgar retratos de niños en el dormitorio conyugal, a lo que parece, potencia ese método simbólico en apoyo de la fecundidad.

Feng Shui para sus hijos

Hay diferentes maneras de potenciar la buena fortuna para nuestros hijos. Desde su nacimiento y hasta la adolescencia les resulta beneficiosa la ubicación al lado este de la casa, ya que el este es el lugar del crecimiento y les conviene este aspecto del entorno. Disfrutarán de buena salud y se desarrollarán fuertes y sanos. Si quiere que además crezcan dotados de sentido familiar y que se identifiquen con lo que la familia espera de ellos, procure que duerman con las cabezas orientadas hacia el rumbo nien yen de cada uno.

Además cabe la posibilidad de potenciar su buena fortuna en los estudios colocando un pequeño globo de cristal en el rincón nordeste de la habitación. No será necesario hacer nada más, salvo comprobar que no haya espejos en la habitación y observar las reglas básicas del Feng Shui que hemos venido exponiendo.

Cuando los hijos lleguen a la adolescencia quizá querrá que tengan una mesa para los estudios. Ésta se orientará de manera que mire al rumbo de mejores auspicios de crecimiento (véanse las páginas 66-67), que es también el más potente para activar la fortuna en esa carrera.

Además colgaremos un carillón al lado oeste de la habitación, pero cuidando de que no quede colgado directamente sobre la cama. Será excelente si resulta posible colgarlo cerca de la ventana. A este objeto, lo idóneo sería un carillón de siete varillas, pero si no se encuentra sirve también uno de seis u ocho notas. Esta disposición crea una buena suerte excelente para los que buscan o necesitan ayudas económicas a fin de culminar estudios superiores; si se trata de conseguir una beca, procúrese por todos los medios un carillón de siete varillas.

Cómo crear la armonía

La aplicación del Feng Shui para crear un estado de armonía en la casa requiere un conocimiento completo de los símbolos de la buena fortuna. También se necesita un buen entendimiento de la teoría de los cinco elementos y cómo influyen los unos sobre los otros. Una vez dividido el espacio total de la vivienda en ocho localizaciones orientadas y un centro, podremos utilizar los refuerzos Feng Shui de la armonía doméstica. Cada sector corresponde a los cuatro puntos cardinales de la brújula y los cuatro intermedios, y cada orientación tiene correspondencia con un elemento. Para mejorar la armonía y la buena fortuna de cada rincón, aumentamos el elemento de ese rincón y potenciamos sus energías. Ello se consigue eficazmente mediante objetos que tienen un simbolismo de buena suerte.

La práctica del Feng Shui implica una cuidadosa elección de esos objetos. Consideremos la tabla del recuadro, que ofrece orientaciones esenciales y sugerencias para crear la armonía en cada uno de los rincones. Estúdiela con atención y póngase a revitalizar cada rincón de su sala de estar con arreglo a estas recomendaciones.

Para crear la armonía en la casa, adoptaremos un planteamiento sistemático. Para empezar, fíjese en que de momento he propuesto armonizar sólo la sala de estar. No lo intente todavía con los dormitorios. La habitación es un lugar de descanso y hay que adoptar una perspectiva muy diferente cuando se trata de manipular el Feng Shui de las habitaciones. La tabla del recuadro rige solamente para los espacios comunitarios de la vivienda, como la sala de recibir, la sala de estar de la familia o el comedor.

Al poner en práctica las sugerencias que propongo para cada una de las paredes de las estancias, se pueden emplear los colores para potenciar un rincón, las formas para otro, y un objeto decorativo para un tercero. No es necesario hacerlo todo al mismo tiempo. Aparte de resultar poco práctico y

Cómo potenciar los rincones

Dirección	norte	sur	este	oeste	noroeste	nordeste	sudoeste	sudeste
Elemento	agua	fuego	madera	metal	metal	tierra	tierra	madera
Estación	invierno	verano	primavera	otoño	otoño	intermedia	intermedia	primavera
Forma	ondulada	triángulo	rectángulo	redonda	redonda	cuadrada	cuadrada	rectángulo
Buena suerte	fuente	luces	plantas	campanillas	oro	cristales	peñas	flores
Objetos	baño pájaros bol	velas sonidos	flores bambú	carillón estéreo	globo	urnas	bambú	
Colores	azul negro	rojo naranja	verde marrón	blanco metalizado	blanco metalizado	amarillo ocre	beige tierra	verde marrón

costoso, el Feng Shui no funciona bajo el principio de que cuanto más, mejor. Lo cierto es que todo lo que sugiero en este libro debe practicarse con moderación.

Un solo rasgo de agua es suficiente para activar la buena fortuna del elemento agua. Un exceso de agua nos ahogaría simbólicamente. De manera parecida, si ponemos demasiada energía yang y demasiadas lámparas, el exceso de fuego nos quemará. Los mejores resultados del Feng Shui se obtienen atendiendo a la conservación de un equilibrio.

Al norte

Podemos crear la armonía poniendo cortinas azules en las ventanas, alfombras azules en el suelo o pantallas azules que oculten vistas exteriores poco favorables. Cualquier matiz de azul sirve, siendo así que es el color asociado con el agua. Además podemos incorporar motivos de agua a la ornamentación de este rincón o pared norte. Cualquier motivo ondulado o que recuerde la resaca de las olas en la costa puede simbolizar el agua.

El norte es también el lugar de la tortuga negra. Yo siempre aconsejo tener en el sector norte una sola tortuga. El número del norte es el uno, por eso se dice que una sola tortuga es de buen augurio. No se apene por esa tortuga solitaria, porque tal sentimiento no pasa por la cabeza del animal. Usted invierta en la adquisición de uno de esos recipientes de cerámica con agua y el borde ancho para que pueda pasearse por él la tortuga; los más típicos están decorados con símbolos de la buena suerte.

Si lo prefiere puede exponer una tortuga fingida, pero aun así póngala dentro de un recipiente de fondo plano con agua; de este modo creamos una armonía y buenos auspicios con el agua y la tortuga. Como ésta es también un símbolo de longevidad y protección, el tener una sola tortuga en casa suele ser suficiente para asegurarse una excelente buena fortuna durante toda la carrera.

Otro elemento decorativo de muy buen resultado en el norte sería un acuario grande, con capacidad para un número impar de arrowanas, peces dorados o carpas. Para mis acuarios yo siempre he preferido la arrowana. Las carpas japonesas o *koi* es mejor tenerlas en un estanque del jardín. Estos objetos de agua, sin embargo, no deben localizarse directamente debajo de una escalera, porque el agua debajo de la escalera perjudica a la segunda generación, a los vástagos de la familia.

Al sur

Aquí conviene potenciar el fuego, puesto que es el elemento que corresponde al sur de la casa. Colocaremos un mueble triangular o un cuadro que represente una montaña de perfil cónico. Si la estancia admite cortinajes, que sean de algún matiz de rojo. En caso de empapelar la pared sur, un dibujo con predominio de ese color atraerá mucha buena fortuna y armonía para la familia. El número del sur es el nueve, de manera que otra idea excelente podría ser la de colocar nueve luces en esa parte de la estancia. Otro elemento susceptible de proporcionar mucha armonía para la familia en ese lugar puede ser la chimenea.

También es necesario mantener esa parte bien iluminada. Si tenemos ubicada en ella la puerta, podemos pintarla de rojo para que atraiga la preciosa energía yang.

El ser celeste asociado al sur es el fénix carmesí. Es el ave que promete enormes oportunidades de progreso; vale la figura de cualquier pájaro de aspecto espectacular (la grulla, el flamenco, el gallo, el pavo real) para simular la vitalidad del fénix celestial. Yo tengo tres de esas aves, hechas de escayola o mármol, puestas en la parte meridional de mi jardín, pero también pueden ponerse para decorar el interior de la casa.

A un amigo mío muy querido le regalaron un fénix de cristal de una tirada limitada. El material encerraba en su interior laminillas de oro y le trajo una suerte inmensa. Poco después de exponerlo en una vitrina puesta al lado sur de su recibidor, se le ofreció el cargo de presidente de un importante banco. Desde entonces su buena fortuna no ha hecho sino aumentar y actualmente ostenta la dignidad de presidente honorífico porque ha cumplido más de setenta años.

Al este y al sudeste

Estas orientaciones son lugares del elemento madera. Cualquier cosa de color verde o marrón servirá para crear una armonía elemental instantánea. En esta parte de la estancia dispondremos muchas flores y plantas vivas, para simbolizar el crecimiento. La forma de ese rincón será rectangular y sus números son el tres y el cuatro. De tal manera que tres plantas en maceta al este y cuatro jarrones de flores al sudeste aportarán la riqueza material y abundantes oportunidades de progreso (crecimiento) para la familia.

El este también es el lugar del dragón verde. Por tanto, si conseguimos hacernos con un hermoso cuadro, escultura o cerámica representando un dragón, lo pondremos en este lugar y nuestra buena fortuna será grande.

Al oeste y al noroeste

Aquí los colores dominantes son el blanco o los metalizados. Las cortinas, las tapicerías, las alfombras y el papel de la pared, todo debe tener un toque de oro para llevar a este rincón la energía de buenos auspicios. Lo mejor para activarla, sin embargo, son las monedas antiguas de la última dinastía de China. Muchos magnates chinos de los negocios, si son supersticiosos, cuelgan en la pared occidental de su despacho las diez monedas del emperador enhebradas en un hilo rojo.

Usted puede hacerlo asimismo en la pared oeste de su casa, y sepa que las monedas pueden atarse de diferentes modos auspiciosos. Lo más sencillo es colgar tres monedas formando figura de triángulo y que se vea la cara yang, que es la que tiene cuatro ideogramas chinos. La cara yin sólo tiene dos ideogramas. Atadas con hilo rojo, se pondrán dentro de un pequeño joyero de jade y éste a su vez se guardará en el cajón de un sinfonier o armario.

Al nordeste y al sudoeste

Los colores dominantes y de buen augurio para estos sectores son el amarillo, los ocres y cualesquiera otros que recuerden la tierra. Se admite también el rojo, que es el color de los suelos fértiles de laterita. O puede ser el amarillo del yeso, el blanco de la arena, el transparente del cristal... En estos rincones de tierra cualquier objeto que corresponda al elemento fuego también será de buen augurio, porque el fuego engendra la tierra.

En esta parte de la estancia, por tanto, usted puede crear un ambiente cálido que sugiera la temporada de la cosecha, cuando termina el verano. Si las ventanas están orientadas hacia estos puntos, pondremos cortinas que refuercen la sensación otoñal, con tonos como los anaranjados claros por ejemplo. Si la puerta principal abre hacia cualquiera de estas orientaciones, una vez más podemos pintarla de rojo para tener buena suerte y armonía. Tratándose de una habitación que abra hacia el nordeste o el sudoeste, los colores veraniegos y otoñales atraerán al interior de la casa una energía maravillosamente propicia.

Cómo proteger el lecho conyugal

No puede existir la buena fortuna familiar si los dos miembros más importantes de la familia, el padre y la madre, se llevan mal llegando hasta la separación física o los actos de violencia. Esto se considera una mala suerte severísima y muchas veces proviene de un lecho conyugal mal aspectado. Es importante proteger ese lecho, por tanto, y asegurarse de que no esté afligido por flechas envenenadas cuya existencia haya pasado desapercibida.

Ubicación de la cama

En una cama bien orientada el cabeza de familia dormirá orientado hacia su rumbo de buen auspicio, según la fórmula de las ocho mansiones (véanse las páginas 61-66). Tendrá cuatro orientaciones favorables entre las cuales puede elegir, en función del tipo de buena suerte que prefiera potenciar. Sin embargo, muchas veces no será posible orientar la cama a un punto exacto, por impedirlo la configuración del dormitorio y el resto de los muebles.

También puede ocurrir que al tratar de orientar la cama con arreglo a un rumbo determinado, nos expongamos a recibir el mal aspecto de otras configuraciones perjudiciales. Es decir que la cama podría quedar encarada a la puerta de la habitación, o situada entre dos puertas, debajo de la ventana o debajo de una viga. Cualquier circunstancia de ese tipo anularía inmediatamente el Feng Shui de la cama. Así que antes de ponernos a desplazarla, observemos atentamente el dormitorio y prestemos atención a las recomendaciones de las páginas 96-97 para un buen Feng Shui del dormitorio.

9 Una abundancia de posesiones materiales

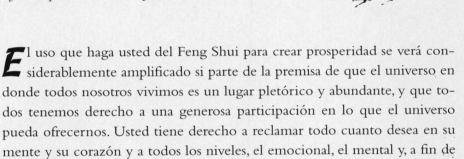

*El Feng Shui parte de la premisa
de que el universo es pletórico y abundante.
Prográmate para la prosperidad,
y el Feng Shui creará las causas
y las condiciones,
a fin de que ella se realice para ti.*

El uso que haga usted del Feng Shui para crear prosperidad se verá considerablemente amplificado si parte de la premisa de que el universo en donde todos nosotros vivimos es un lugar pletórico y abundante, y que todos tenemos derecho a una generosa participación en lo que el universo pueda ofrecernos. Usted tiene derecho a reclamar todo cuanto desea en su mente y su corazón y a todos los niveles, el emocional, el mental y, a fin de cuentas, el espiritual.

Todo lo que necesitamos y deseamos puede pasar a formar parte de la realidad, parte de nuestro mundo y parte de nuestro espacio. Los sueños más fácilmente realizables son los que se refieren a los bienes del mundo físico, en donde el dinero, la riqueza y la prosperidad representan la suma total de las aspiraciones materiales. Cuando la mente genera el propósito, y el ambiente circundante se ha hecho propicio y beneficioso gracias a las disposiciones del Feng Shui, la opulencia se presenta, tentadora, al alcance de la mano. Con frecuencia les digo a quienes me consultan que, de entre todas las aspiraciones cuya satisfacción ofrece el Feng Shui, las promesas de abundancia material son probablemente las más fáciles de conseguir.

El Feng Shui ofrece muchas fórmulas para disponer el entorno en que vivimos y distribuir las habitaciones de manera que nos hagamos más y más ricos. Existe toda una gama de procedimientos encaminados específicamente al aumento de los ingresos y de los niveles de prosperidad. El Feng Shui trata con bastante neutralidad estas recomendaciones tocantes al aumento de las rentas. El único problema estriba en elegir cuál de las técnicas recomendadas será más idónea para nosotros.

Con independencia de si decide utilizar la escuela de fórmulas o llenar la casa de todos los símbolos posibles de la buena fortuna expresada en forma de riqueza, conviene también predisponer la mente a fin de sintonizar nuestras expectativas con el resultado positivo deseado. Antes de hacerse auténticamente ricos, es menester persuadirnos de que merecemos serlo.

Esto de persuadirse uno mismo o una misma se llama programación para la prosperidad y es lo diametralmente opuesto a la programación para la pobreza, que consiste en convencerse de que hemos venido al mundo para sufrir, que no podemos tener todo lo que deseamos, y que no se puede guardar el pastel y comerlo al mismo tiempo. Como yo misma me he preguntado muchas veces, ¿de qué sirve guardar el pastel si no puede una comérselo?

En mi juventud, con frecuencia me quedaba atónita ante la insistencia de mis tías y mis tíos en censurar mi ambición. Conseguían que sintiera remordimientos por pedir zumo en vez de agua y por preferir las sedas a los algodones. Decían que yo estaba demasiado consentida. Y durante mucho tiempo consiguieron hacerme creer que yo era demasiado pretenciosa. Permití que me abrumaran con ese pesado bagaje. Hasta que cumplí 22 años y dio la casualidad de que descubrí a Helen Gurley Brown y la *Cosmopolitan*.[*] En seguida adopté su actitud y filosofía de la vida «lo quiero todo, y lo quiero ya». Procedí a desembarazarme de sentimientos de culpabilidad derivados de mi afán de ser rica y triunfadora. Por primera vez me confesé a mí misma (y sin que ello me suscitase ninguna incomodidad especial) que me gustaban los lujos de la vida. Y disfruté con mi primer coche. Me encantó recibir el primer cheque de mi sueldo y decorar mi primera casa con mi propio dinero. Cuando empecé a trabajar, disfruté siendo económicamente independiente.

Esta liberación, al desprenderme de lo que he llamado la programación para la pobreza de mi infancia, hizo posible que más tarde, cuando conocí a mi mentor de Feng Shui, el señor Yap Cheng Hai, le confesara sin ambages

---

[*] Nacida en 1922, autora del best-séller *Sex and the Single Girl* (1962), en 1965 asumió la dirección de *Cosmopolitan*, una revista de escasa tirada, transformándola en un éxito internacional que actualmente se edita en 14 países. *(N. del T.)*

que a mí sólo me interesaba lo que el Feng Shui pudiese ofrecerme en términos de riqueza (lo cual era cierto por aquel entonces). El señor Yap me explicó que todas las cosas materiales tienen su propio campo de energía. Y puesto que los objetos materiales son inanimados, en ellos esa energía es más yin que yang. Para atraer todas esas cosas deseables, los automóviles, las casas, las joyas, etc., lo único que hace falta es atraer o crear las preciosas energías yang de la abundancia e introducirlas en nuestro hogar. Ese campo de energía yang actuará como un imán y llevará a nuestra vida el bienestar material y los objetos que posee la gente acomodada.

Dicho de otra manera, podemos utilizar la ciencia del Feng Shui para aspirar grandes cantidades del chi cósmico o aliento del dragón, y con ellas sobrevendrá gran riqueza y prosperidad para nosotros.

Y así como los entusiastas de la Nueva Era prestan muchísima atención a los grandes poderes de la mente, el Feng Shui también cree en esos poderes. Por otra parte, esa ciencia afirma que la Tierra esconde una gran abundancia natural. El estado intrínseco del entorno viviente es de plétora nutricia y nutriente. Lo que hay que hacer para tomar parte en esa abundancia y prosperidad de la Tierra es crear hábilmente aquellos canales de energía que conducirán dicha prosperidad hacia nuestra vida y hacia el espacio que habitamos.

Por consiguiente, está en nuestras manos crear la prosperidad en un vuelo con el Feng Shui. Es fácil y además divertido. No hace falta ensayar todos y cada uno de los métodos propuestos. No permita que le confundan e irriten las enormes cantidades de recomendaciones (muchas veces contradictorias) que va a recibir una vez decida consultar a diferentes «maestros» de Feng Shui. Es mejor utilizar el propio sentido común y la propia inteligencia, que nos permitirán hacernos una idea exacta de la capacidad de cada uno de esos supuestos expertos. Y sobre todo, no crea esas historias de que el maestro de Feng Shui está obligado a vivir frugalmente. Esto se cuenta para explicar por qué ellos mismos no disfrutan de las riquezas que prometen a los demás. En Feng Shui no hay ascetas, ni facultades mediúmnicas, ni gurús espirituales. Experto en Feng Shui puede serlo cualquiera que posea un auténtico acervo de conocimientos prácticos y teóricos. Tampoco se necesitan amuletos especiales ni objetos bendecidos para potenciar nuestro Feng Shui ni para recibir la riqueza.

Hace dos años me hallaba dando unas conferencias en Melbourne, cuando vinieron a contarme un caso terrorífico. Uno de mis oyentes, un joven de 27 años, relató que había pagado 9.000 dólares por un cursillo a cargo de un «maestro» de Feng Shui. Siguiendo las instrucciones de éste, ayunó durante dos semanas, realizó una gira por los lugares de más señalado Feng Shui de China continental y luego pagó el curso por adelantado, todo esto antes de ser admitido al discipulado y a la participación en la sabiduría. Así pues, por grande que sea el entusiasmo de usted no escuche a cualquiera, ni le conceda demasiado ascendiente sobre su propia persona ni sobre su espacio privado.

El Feng Shui abunda en filosofía y técnicas diversas. Y aunque no sea una práctica religiosa ni espiritual, ciertamente podemos aportarle nuestra propia espiritualidad, sobre todo en lo que se refiere a la purificación de las estancias. Las reglas sencillas del Feng Shui se aplican fácilmente a los espacios residenciales y de trabajo, y no son menos potentes que las disposiciones del Feng Shui más avanzado. Si quiere prosperidad en su vida, empiece por creer que usted merece tenerla, y que la desea verdaderamente. Hecho esto, lea el resto del presente capítulo para saber algunas de las cosas que pueden hacerse a fin de potenciar el tipo de buena suerte que trae la fortuna material.

Despeje el espacio para sus nuevas posesiones

Antes de empezar a remover los muebles o cambiar de orientación la puerta, le aconsejo que se dé un paseo por su casa, con el ojo crítico atento a todas las cosas innecesarias. Si va a potenciar su Feng Shui para llamar a las nuevas posesiones y riquezas, ante todo debe hacerles un sitio en su hogar a todas esas cosas nuevas. Si no crea un espacio para ellas, no podrán entrar en su casa.

Empiece por hacer sitio en lo que se refiere al espacio físico de su hogar. Recoja las prendas de vestir, los libros y demás parafernalia que todos vamos acumulando en el decurso de la vida, y regale inmediatamente todo aquello que no quiera o no le haga falta. Yo lo hago una vez al año y he venido haciéndolo desde hace treinta, siempre bajo el supuesto de que hay que deshacerse de las cosas viejas, incluso emocionalmente, o no quedará lugar para lo nuevo. Procuro no depositar afecto en los objetos materiales; ni siquiera tengo apego a las empresas que fundé o adquirí. Una vez tomada la decisión de vender, me desprendía de ellas a la primera ocasión en que recibiese alguna oferta interesante.

Éste es un primer miembro, pero muy importante, de la ecuación de la prosperidad. El que quiera ser rico debe aprender a moverse con el flujo de la energía. Según las doctrinas del Feng Shui, los ritmos energéticos que controlan la creación de la buena fortuna monetaria y la existencia de los bienes materiales en el universo se hallan en estado de constante agitación y fluidez. Y si queremos captar los secretos de la prosperidad y sus manifestaciones, hay que entender la naturaleza de ese ritmo, de ese flujo. Por eso cuando nos disponemos a potenciar el espacio en que vivimos y reorientamos nuestras viviendas con intención de captar el buen Feng Shui, al mismo tiempo hay que crear el vacío interior propicio a recibir los bienes de la prosperidad.

Aprenda a dar. No son esos objetos sobrantes lo que urge echar de la casa y despejar. Es la mente lo que reclama una transformación. Para alcanzar la prosperidad hay que entender que cuanto más se da, más se recibe. Cuanto más damos, mayor es el espacio interior que creamos, y así hacemos sitio para que afluyan las cosas hacia nosotros. Si nos abandonamos al imprudente prurito de retenerlo todo y conservar todos los cachivaches que tenemos, lo único que conseguiremos será crear bloqueos que paralizarán el flujo de las energías que es connatural al universo. Estaríamos trastornando los ritmos, en una palabra.

Cuando se aplican los principios del Feng Shui siempre hay que tener presente que se trata de manipular el chi cósmico, que es de la misma naturaleza que la energía de nuestro entorno. La energía asume muchas formas fenoménicas, como pueden ser la riqueza material, el amor, el afecto, el prestigio, el aprecio, el dinero, la amistad... cualquiera de estas cosas. Pero el chi cósmico de buen auspicio tiende a gravitar hacia quienes han adoptado una postura desprendida en cuanto a sus aspiraciones y sus ambiciones. Si usted ha aprendido a darse y abre los brazos para recibir la prosperidad, su Feng Shui funcionará mejor y con más prontitud.

Por el contrario, si adopta una actitud tensa, codiciosa, se viciará hasta el chi más prometedor que haya entrado en su hogar. Mire a su alrededor y observe a las personas que forman su círculo más inmediato, los amigos, los colegas y los miembros de su propia familia. Observará que los individuos ansiosos o demasiado codiciosos rara vez son felices. Siempre ponen cara de que se les ha quitado algo, como si quisieran agarrar todo lo que se halla a su alcance. Suelen ser tacaños hasta para los elogios, quiero decir que les cuesta mucho dirigir un cumplido a los demás. No saben dar, ni darse, y por consiguiente carecen de un espacio libre interior para recibir. Su actitud mental se parece a la de la persona famélica. Están llenos de energía letal y padecen un déficit de vitalidad.

En cambio los generosos de corazón, los benevolentes, por lo general son personas felices y bien adaptadas. Ésos son los que reciben más pronto y con más facilidad las ventajas del Feng Shui. Con frecuencia son los primeros en ofrecer sus elogios y felicitaciones, en manifestar su aprecio y en prestarse a servir como paño de lágrimas. Las almas generosas irradian un aura que es muy yang, a decir verdad. Estas personas disponen de un amplio espacio interior para recibir toda la prosperidad y toda la abundancia que les aporta el buen Feng Shui.

Si desea usted que el Feng Shui opere su especial tipo de magia, tenga esto presente: el dar genera un aura de auténtico buen augurio. Cuanto más desarrollemos nuestra capacidad de dar, más aumentaremos nuestra personal aura y energía. Y eso nos traerá una verdadera abundancia de riqueza material.

*V*isualice todo lo que desea

Además de generar un espacio interior para recibir la buena suerte de la prosperidad, usted puede emplear el poder de su conciencia para visualizar con intensidad todo lo que quiere obtener del Feng Shui. Lo que tiene de bueno la riqueza material es que puede cuantificarse con realismo. Recuerdo que cuando me propuse retirarme, a finales de los años ochenta, y proyectaba vender todo mi patrimonio en Hong Kong para regresar a Malasia, me hice una composición mental de la riqueza que aspiraba a poseer. Procuré visualizar con intensidad la cifra que deseaba, y cada vez que echaba comida a mis peces arrowana les decía el número mágico e imaginaba que ellos lo escuchaban.

En mi apartamento de la colina de Hong Kong yo tenía cinco de esos símbolos vivos de la prosperidad. Mis cinco arrowanas convivieron sólo 18 meses conmigo, pero en ese período realmente breve me ayudaron a conseguir dinero suficiente para vivir retirada el resto de mis días. El recurso a los peces arrowana para crear la fortuna económica se halla muy difundido entre los negociantes chinos del Lejano Oriente, pero puede ser útil para cualquiera. La única diferencia está en que traen distintas cantidades y tipos de riqueza a distintos individuos. Por eso es una idea excelente la de pensar con detenimiento en lo que uno quiere. Enfoque su mente y comunicará a sus designios una gran energía. Si desea usted criar estos peces recuerde que necesitan cebo vivo para alimentarlos. Crecen con rapidez y requieren un acuario bastante grande. No necesitará decorar ese acuario, porque los peces mismos constituyen un espectáculo hipnotizante. En realidad basta con uno solo, pero si prefiere tener más de uno, tenga presente que su número debe ser impar, o de lo contrario crearían discordias entre usted y sus amistades, sobre todo en asuntos de dinero. La arrowana es un pez tropical, por lo cual se aconseja una ligera calefacción del acuario durante el invierno. No son difíciles de encontrar, y los ejemplares en venta suelen tener un tamaño de 7,5 cm aproximadamente. En unos 12 meses alcanzarán el tamaño adulto de unos 20 cm.

Además de practicar la visualización, es aconsejable establecer una nómina de los distintos potenciadores del Feng Shui que pensamos colocar en nuestra casa. Como se recordará, no hay que exagerar, ni es posible aplicar todas y cada una de las proposiciones que el arte ofrece. Por eso debe usted elegir únicamente aquellas sugerencias que por sí mismas se acomoden a la aplicación práctica, utilizando una combinación de métodos. A veces, las recomendaciones más sencillas y más prácticas son las que provienen de la escuela simbólica del Feng Shui (véase la tabla de la página 149).

En el ínterin, los problemas causados por los sanitarios desfavorablemente situados, las paredes y rincones faltantes y las orientaciones de las puertas van a requerir cambios estructurales. Con frecuencia, el ajuste será difícil. A veces las medidas correctoras no logran sino agravar la situación. En estas situaciones, mi consejo siempre es el siguiente: haga usted lo que pueda, y donde verdaderamente no pueda hacerse nada, utilice el poder de su mente para visualizar lo que debería hacerse.

Se trata de crear una imagen mental: ¿a qué lado debería mirar esa puerta en realidad? O de construir un rincón mental en la parte faltante de la casa. Dicho de otro modo, utilice la visualización para complementar sus esfuerzos por crear un Feng Shui perfecto para su hogar. Si utiliza de este modo el poder de la mente, los resultados van a depararle más de una grata sorpresa.

La mente posee la facultad de crear pautas de energía que transforman las orientaciones y los rumbos adversos. En la medida de lo necesario, utilice las pinturas y los dibujos en apoyo de sus visualizaciones. Este método es muy útil, en particular, para abordar el problema de los rincones que faltan. Si la falta cae al sudeste, usted sabe que eso afecta a la fortuna de lo material. La cosa puede ser grave. Utilice su imaginación para visualizar cómo llenaría ese rincón ausente.

Tal era el caso de una íntima amiga mía, a quien llamaremos Helen. Faltaba el rincón sudeste de su casa y en el caso de Helen esto resultaba especialmente grave, porque el rumbo sudeste era además el sheng chi de ella misma y de su marido (véanse las páginas 93-95). Atendiendo al análisis preliminar se llegaba fácilmente a la conclusión de que la casa no podía traerle ninguna prosperidad. Lo primero que le aconsejé fue que completase el rincón sudeste. Que se instalase un elemento de agua para potenciar el elemento sudeste de la madera, y una luz para elevar el chi del sector y para introducir el elemento fuego, esencial al objeto de crear las circunstancias bajo las cuales florece y prospera el elemento madera. Ése es un procedimiento muy eficaz para potenciar el elemento sudeste. Aunque el fuego consume la madera, no se debe echar en olvido que las plantas privadas de luz solar tampoco pueden prosperar ni florecer. Entonces no crecen las semillas, y no hay cosecha. Por tanto, conviene instalar luz en el rincón de la madera. Pero el agua es importante también, porque las plantas (madera) que no se riegan fenecen.

Helen no tenía mucho espacio para desenvolverse, pero es una mujer muy voluntariosa. Visualizó con intensidad un gran rincón sudeste. Luego colocó en el lugar correspondiente una fuentecilla (de unos 30 cm de diámetro, para que se vea si era pequeña), pero visualizándola también como si fuese muy grande. Por último coleccionó algunos guijarros, los pintó con una lata de spray de purpurina e imaginó que eran de oro auténtico.

Después de esto me preguntó si funcionaría, y yo la felicité efusivamente. ¡Tanta capacidad de iniciativa ciertamente merecía una recompensa! Obvio es decir que las cosas le fueron cada vez mejor a Helen y su empresa ha prosperado de una manera increíble. En este caso la potencia del Feng Shui se ha reforzado con el gran volumen de energía mental que ella invirtió en sus esfuerzos. Cuanto mayor sea nuestra determinación mientras procuramos favorecer nuestros designios con ayuda del Feng Shui, más rápidos y espectaculares serán los resultados.

Aquellos de entre mis lectores y lectoras que tengan experiencia con las prácticas de visualización descubrirán que las mejoras aplicadas al espacio en donde viven según los principios del Feng Shui les surten el resultado esperado mucho antes que a aquellas otras personas que no pueden complementar su práctica con esa dimensión añadida. De ahí que muchos de los antiguos y más poderosos maestros chinos del Feng Shui fuesen monjes o abades de monasterios: su entrenamiento espiritual en técnicas de meditación y visualización les facilitaba el empleo de las aplicaciones Feng Shui, al añadírseles las poderosas energías mentales. Este aspecto de la práctica Feng Shui probablemente justifica la dimensión añadida de las soluciones trascendentales que se aplican en las situaciones verdaderamente difíciles, y que reciben mucha atención por parte de ciertas escuelas de este arte.

Feng Shui para el beneficio empresarial

El Feng Shui se presta especialmente a las aplicaciones empresariales, bien sea en los despachos de las corporaciones o en los locales de supermercados, hipermercados y grandes almacenes. El Feng Shui de las oficinas centrales corporativas tiene gran influencia en cuanto a los resultados de la empresa, lo mismo que el Feng Shui de un establecimiento comercial determinará en gran medida el giro y la rentabilidad de esa tienda.

La aplicación empresarial del Feng Shui es fascinante y al mismo tiempo muy prometedora. Los beneficios empresariales dependen principalmente de dos cosas:

- ◆ el Feng Shui de la puerta principal del despacho o edificio administrativo,
- ◆ el Feng Shui del despacho del máximo cargo ejecutivo.

Existen edificios corporativos con buen y con mal Feng Shui. Recuerdo que hará unos veinte años estaba yo en el centro de los negocios de Nueva York y de pie en la calle contemplaba el rascacielos de la Pan Am. Me preguntaba si los capitostes de aquella gran compañía se darían cuenta de que estaban a punto de desaparecer del mapa. Yo estudiaba el master en Harvard y comentaba con un compañero de curso que me acompañó todo lo que sabía yo entonces sobre el Feng Shui. Recuerdo que le indiqué el edificio de la Pan Am y le anuncié que de acuerdo con las teorías del Feng Shui, la empresa estaba condenada a dejar de existir. Su sede central se hallaba afligida por una larguísima avenida rectilínea que apuntaba con su flecha envenenada a la puerta principal.

Vale decir que las oficinas principales siempre deberían diseñarse con sumo cuidado. El maestro de Feng Shui debe ser consultado desde el inicio

El buen Feng Shui de la tienda

◆ En las galerías comerciales, evitaremos los locales situados al fondo de un pasillo. Va a ser muy difícil conseguir buenas cifras de venta con semejante localización, peor aún si el pasillo largo es además rectilíneo.

◆ Evítense los locales paredaños con los servicios sanitarios o situados debajo de los sanitarios de la planta superior. ¡La emisión de energía letal es demasiado fuerte!

◆ Los locales comerciales muy profundos auguran que permaneceremos en actividad durante muchos años. Los comercios establecidos en locales con poco fondo son efímeros.

◆ Un local de forma regular siempre es mejor que otro de planta irregular.

◆ Los comercios que miran a una plaza o lugar despejado, o (en las galerías comerciales) a un pasillo ancho, son mejores que los enfrentados a una vía muy abarrotada. El espacio despejado crea el efecto del «salón iluminado» en donde se asienta y acumula el chi de buen augurio.

◆ La entrada de la tienda no debe mirar a ningún pilar, columna ni objeto afilado, ya que éstos impiden la entrada del chi favorable y además nos hacemos blanco de las flechas envenenadas que emiten.

◆ Los locales esquineros suelen gozar de mejor Feng Shui, sobre todo si ocupan un lugar próximo a la zona central de las galerías comerciales o del centro comercial. Se elegirá siempre la esquina más frecuentada porque ésta es la que acumula el máximo de energía yang.

◆ Las tiendas establecidas en una esquina urbana se benefician de la circulación procedente de tres puntos cardinales distintos, pero el local mismo no debe encarar directamente una calle por donde venga la circulación como si fuese a recalar en la puerta.

◆ El sentido de la circulación tampoco debe dar la sensación de que todos se marchan alejándose del establecimiento.

◆ Si el local tiene delante una fuente, la configuración es magnífica, siempre y cuando el monumento no sea excesivamente grande en relación con el tamaño del comercio.

del proyecto. Aunque mejor aún sería llamarlo antes de comprometer siquiera una opción sobre el solar donde se quiere construir, puesto que el mal Feng Shui de muchos edificios administrativos deriva de la presencia del chi letal que emiten otros rascacielos vecinos. Los grandes proyectos inmobiliarios, como los rascacielos de oficinas, los centros comerciales y demás por el estilo, deben plantearse desde una estrategia defensiva.

Por lo que se refiere a los comerciantes, el Feng Shui del edificio en donde se alberga su establecimiento tiene una repercusión directa en la cifra de ventas. En líneas generales, los distritos comerciales muy activos tienen mejor Feng Shui sencillamente porque disfrutan la abundancia favorable de energía yang. Claro está que un local en esos centros suele resultar mucho más caro. Aconsejo a aquellos de entre mis lectores o lectoras que sean propietarios o directores de comercios que lean con atención las recomendaciones de buen Feng Shui para las tiendas que figuran en el recuadro. Luego hablaremos de varios métodos muy comunes y tan triviales como eficaces para mejorar el Feng Shui de los comercios.

Uso de los espejos

El primer sistema para mejorar el Feng Shui de los comercios consiste en instalar espejos revistiendo las paredes donde se montará luego la exposición de la mercancía. También conviene que reflejen la caja registradora. Estos espejos multiplicarán por dos la presencia de clientes, las existencias y la actividad de la registradora durante la jornada. Los establecimientos que usan espejos, sobre todo los restaurantes, suelen tener mucho éxito siempre y cuando la colocación de aquéllos haya sido acertada.

No deben estar tallados formando contornos amenazantes con ángulos agudos. Lo más sencillo y lo más eficaz es revestir toda la pared, puesto que además no deben estar demasiado bajos (porque cortarían las cabezas de los visitantes altos), ni demasiado altos (porque le recortarían los pies a la clientela). Sobre todo, procure que los espejos reflejen la registradora. Eso duplicará la cifra de ventas.

Uso de las monedas chinas

El segundo método recomienda pegar tres monedas chinas especiales, atadas con un hilo rojo, en la registradora, el cajón del dinero o el libro de registro de la facturación. Eso favorece la suerte de los ingresos. Las monedas a utilizar son las antiguas chinas que tienen un agujero cuadrado en el centro, con lo cual simbolizan la unión de los cielos y de la tierra. Además tienen una cara yin y la otra yang. Es preciso colocarlas con la cara yang hacia arriba.

No olvide el hilo rojo, que sirve para traspasar la energía a las monedas. En el supuesto de que le resulte difícil hacerse con unas monedas auténticas de la antigua China, puede suplirlas con sus equivalentes modernas o incluso emplear piezas de su propio sistema monetario.

Algunos maestros Feng Shui aconsejan colgar una espada de monedas, o las diez monedas del emperador. De estas y otras variaciones pueden hallarse especímenes con bastante facilidad en los bazares y tiendas de antigüedades de Hong Kong, Taiwan, Singapur y prácticamente cualquier gran ciudad que cuente con una colonia china importante. Cuando tenemos unas monedas artísticamente atadas quedamos protegidos, según se cree, contra robos y estafas, además de obtener una magnífica buena fortuna para el negocio. Por mi parte considero que tres monedas atadas de una manera sencilla y con la cara yang hacia arriba son un símbolo de buena fortuna suficientemente poderoso.

Uso de los bambúes

Consiste en colgar un par de trozos de bambú, atados con hilo rojo, muy altos sobre la caja registradora. Esto va a crear un flujo continuo de chi de buen auspicio hacia esa registradora, canalizando la buena fortuna hacia la tienda. Pueden colgarse los bambúes de tal manera que simulen la forma del Pa Kua, pero con tal de que la caña sea hueca dejando pasar el chi, el efecto resultará positivo de cualquier manera que se cuelguen. Busque unos bambúes de unos 12 mm de diámetro y unos 15 cm de longitud.

Feng Shui monetario en cualquier parte

Las recomendaciones del Feng Shui en lo tocante al dinero pueden seguirse en todas partes, en una vivienda, en una tienda, en la fábrica y en la oficina. Cualquier persona que desee recurrir al Feng Shui para mejorar su suerte económica debe hacer provisión de monedas chinas antiguas porque eso es el comodín «dinero llama a dinero». Llévelas en su cartera, péguelas sobre los archivadores importantes e incluso en las máquinas del fax y los monitores de los ordenadores. Estas monedas atraerán la buena suerte económica. Si las pegamos sobre el ordenador llamaremos a oportunidades de negocios que nos llegarán a través del correo electrónico, y puestas sobre la máquina de fax favorecerán la recepción de mensajes con ofertas estupendas.

Otro método excelente para llamar a la suerte económica es introducir en nuestra casa al dios de la riqueza. Es la figura china que representa un anciano montado a lomos de un tigre, y la presencia de este Tsai Shen Yeh, como se llama, en la casa o en la oficina (puesto detrás del lugar donde usted se sienta) traerá una suerte maravillosa desde el punto de vista monetario. Y como ésa es una preocupación bastante predominante entre los chinos, ellos tienen más de un dios de la riqueza. De hecho, la deidad más popular de las revestidas con dicho simbolismo es el dios de la guerra Kuan Kung, pintoresco personaje que tiene un destacado papel en el relato clásico del *Romance de los Tres Reinos*. En cualquier bazar chino encontraremos múltiples versiones de ambos iconos.

Puede colocarlos en su casa cerca de la puerta principal. Estas divinidades originan energías de muy buenos auspicios. No necesitan que les rece. Están en la casa sólo para que simbolicen y atraigan la riqueza. No reclaman adoración. Además de estas dos deidades, no sería mala idea entronizar también a la trinidad de la Estrella, los Fuk Luk Sau, que representan la riqueza, la prosperidad y la longevidad. Puesto que tampoco molestan con exigencias de que se les rinda culto, y su presencia viene a simbolizar esa prosperidad y esa buena fortuna que deseamos.

Entre los símbolos chinos de la prosperidad figuran también las criaturas celestes, el dragón, el fénix y la tortuga. Puestos dentro de casa en forma de figuras, y mejor si tienen algún valor artístico, traerán buena suerte monetaria a la familia según se cree tradicionalmente. La tortuga, concretamente, puede ser auténtica. He perdido la cuenta de las veces que he aconsejado a mis consultantes que tengan en casa una tortuga de tierra (o su pariente la tortuga de agua dulce), y nunca dejan de asombrarme los extraordinarios resultados de tal consejo para muchos de ellos. Además de traer la buena fortuna económica la tortuga simboliza buena salud, longevidad y protección. La ubicación óptima para esa criatura celeste es el norte, todavía mejor si podemos tenerla en un terrario con un poco de agua (porque el norte guarda correspondencia con el elemento agua, y así reunimos un doble beneficio). Pero si no podemos cuidar una tortuga viva, servirá lo mismo una de cerámica.

Cuando introduzcamos en nuestro hogar o nuestro despacho símbolos de buen Feng Shui en forma de objetos decorativos, no es mala precaución la de ensayar previamente la colocación de acuerdo con su significado elemental. Si podemos conseguirlos en forma de figuras de oro, tendremos excelentes símbolos de prosperidad. Bastará por ejemplo una tortuga sobredorada. A los efectos simbólicos ésa es una tortuga de oro y puesta en el norte será de un buen augurio extraordinario porque el oro es metal y éste engendra el agua.

Otra criatura de muy buen presagio económico, ésta legendaria, es el sapo de tres patas, muy popular entre los chinos de todas las partes del mundo. A este sapo de tres patas suele representársele sentado sobre un lecho de monedas y luciendo el símbolo yin-yang en el lomo. Además lleva en la boca otra moneda, que quiere decir oro. El sapo de tres patas es un símbolo de muy buena fortuna. Póngalo en el suelo o sobre una mesita cerca de la puerta principal, pero no mirándola directamente. A decir verdad, es una de las maneras más fáciles de invocar la fortuna monetaria. ¡Hasta puede instalar uno en cada una de las habitaciones, si así lo desea!

Una sugerencia final en cuanto al empleo de símbolos de la riqueza: pruebe a utilizar el barco velero. Este simbolismo proviene de los antiguos tiempos de la navegación a vela, cuando la entrada de un velero representaba todo un cargamento de riqueza. Muchos grandes empresarios chinos, especialmente los mercaderes, utilizan el logotipo del velero indicador de que la buena suerte por fin llegó.

Coloque la maqueta de un barco de vela en el recibidor de su casa, o en su antedespacho, pero ¡atención! El barco debe presentarse como si estuviera entrando, es decir la proa hacia dentro, la popa hacia fuera y las velas correctamente orientadas según esta supuesta derrota. El simbolismo al que se alude es el de un navío que acaba de entrar en su puerto. Sobre la cubierta podemos colocar algunas monedas pequeñas de oro, para mayor efecto. También se le puede poner un cargamento de oro ficticio, es decir purpurina, pero en este caso nos ayudaremos con una visualización intensa para aportar una energía adicional.

Se me ha preguntado si sería lo mismo colocar en nuestra entrada un modelo de avión a escala reducida, y no he sabido qué contestar, puesto que lógicamente los textos antiguos sólo hablan de barcos de vela y no de aviones. Con arreglo a la lógica convencional del Feng Shui y después de lo dicho acerca de los veleros, no me parece mal esta sugerencia de poner un avión en miniatura.

*F*eng Shui de la prosperidad para la casa

De acuerdo con los antiguos maestros del arte, la casa próspera es la que se cobija en el abrazo entre el dragón verde y el tigre blanco. Esta configuración la hemos descrito en las páginas 26-29 al explicar el Feng Shui de la escuela paisajística. En el plano de la práctica, sin embargo, lo que decían los antiguos maestros era que la casa debía emplazarse en un terreno ondulado, pues allí era donde estaban presentes los dragones. Y usted necesita vivir en territorio de dragones si quiere que acuda la fortuna monetaria. Es uno de los axiomas del Feng Shui. Pero en ese terreno ondulado, ¡atención!, hay que cuidar más que nunca de que la puerta se halle correctamente orientada. Véanse las recomendaciones básicas de Feng Shui y obsérvese si la casa las cumple:

1. A espaldas de la casa (es decir, al lado opuesto de la fachada donde se abre la puerta principal) el terreno debe ser algo más alto que delante. Si la puerta principal mira a un terreno más alto es lo mismo que si marcháramos de frente contra una montaña. Esa configuración no trae suerte; peor aún, no augura nada bueno. Para corregir el problema, nada mejor que cambiar de sitio la puerta. No importa lo difícil que resulte; desplazando la puerta usted corrige la orientación global de la casa. Caso de

que sea impracticable, tratará de colgar en la pared exterior, por encima de la puerta, un espejo Pa Kua convexo, es decir yin.

2. El terreno a la izquierda de la puerta (según se mira de dentro afuera) debe ser algo más alto que el del lado derecho. De esta manera, el dragón predomina siempre sobre el tigre. La situación contraria sería peligrosa. Si es la que usted tiene, instale un farol muy alto y muy potente sobre el lado del dragón para enmendar la menor elevación de éste. Con esa luz usted exalta el chi del lado que representa el dragón. Otra solución consiste en vallar el lado del tigre y pintar de rojo la valla. El tigre blanco guarda correspondencia con el elemento metal en la cuadrícula Lo Shu, y el rojo, como esencia del fuego, puede contrarrestar la acción del tigre blanco. En el ciclo de los elementos, el fuego destruye el metal.

3. Usted no debe tener grandes aguas detrás de su casa, es decir ríos, lagos ni piscinas, porque eso transmitirá muy mala suerte a la vivienda. Una gran acumulación de agua detrás de la casa sugiere las oportunidades perdidas, y algo más que eso, es señal de peligro. Si además las aguas discurren por un nivel más alto, se arriesga a perder toda su fortuna. Al que vive en una casa así se le aconsejará que se mude, porque la configuración es desgraciada a más no poder.

4. Las vías de comunicación que pasan cerca de nuestra casa deben estudiarse con cuidado. En la página 43 hemos visto algunas configuraciones negativas. Pero cuando la carretera que pasa por delante de su casa no la amenaza y tiene dos o más accesos por donde se acerca la circulación lentamente, el efecto es de lo más prometedor, porque se compara con unos ríos tranquilos por donde viene el caudal de la buena fortuna.

5. La mejor manera de asegurar que la casa traiga buena fortuna económica es manipular la localización de la puerta principal. Para ello aplicamos la fórmula de las ocho mansiones y determinamos nuestro número kua. Vea la tabla de la página 95 para deducir su orientación sheng chi. Entonces compruebe que su puerta principal está orientada hacia el punto cardinal representado por esa orientación.

*F*eng Shui de agua para la fortuna económica

En Feng Shui, el agua representa la riqueza y la ubicación correcta y adecuada de los objetos de agua en nuestra casa es una de las mejores maneras de atraer la buena fortuna de la prosperidad económica. Pero debe realizarse con mucha atención. Con el aumento de la popularidad del Feng Shui los arquitectos y urbanistas que proyectan nuevas promociones se han acostumbrado a incluir algún rasgo de ese tipo. Pero si se hace así a partir de unos conocimientos insuficientes la situación es peligrosa porque son espadas de doble filo. Cuando las aguas discurren alejándose del edificio, o lo parece, la suerte será pésima: el agua se va y con ella el dinero.

En Hong Kong se encuentra un rascacielos tristemente célebre cerca del distrito central de negocios. Se llama el Lippo Building y tiene tan mal Feng Shui, que desde su fundación muchas empresas que trataban de establecerse allí han quebrado (y se contaban entre ellas no pocos nombres ilustres). Su víctima más reciente ha sido un banco de inversiones muy ambicioso, el Peregrine Investments, y antes que éste lo fue el grupo bancario BCCI, que radicó allí la sucursal de Hong Kong. El edificio también ha originado graves pérdidas a quienes en principio eran sus propietarios, el grupo indonesio Lippo. Este edificio tiene mal Feng Shui porque está rodeado de una especie de foso o canal muy decorativo, pero que se lleva las aguas lejos del rascacielos y así es como pierden su dinero todos los inquilinos.

En Singapur tienen un hotel de cinco estrellas con un gran canal artificial delante de la entrada, y también se lleva el agua. Obvio es decir que no tiene buen Feng Shui y nunca ha resultado rentable. Últimamente ha cambiado de propietarios otra vez.

El Feng Shui del agua tiene una fórmula muy potente que establece con todo detalle cómo constituir el régimen de desagüe de cualquier vivienda o edificación. La fórmula necesitaría todo un libro para explicarla por completo, pero para dar una idea de su gran potencia mencionaremos que se le atribuyen las fortunas de los primeros grandes magnates de Taiwan, en los primeros años de la posguerra. Para nuestros fines tal vez bastará una fórmula de agua más sencilla, la que nos indica dónde deberemos situar nuestras fuentes en miniatura, piscinas para pájaros y pequeños estanques con peces en distintos lugares de la casa y del jardín.

Esta fórmula se basa en el cálculo de las transiciones de las estrellas viajeras. Según ella, las mejores localizaciones para objetos de agua entre el momento de escribir estas líneas y el año 2003 son norte, este, sudeste y sudoeste. No hay otros lugares indicados para colocar elementos de agua en nuestra sala de estar o nuestro jardín, si queremos disfrutar de buenos augurios. Y seguirán siendo de buen augurio durante el período siguiente de cuatro lustros, desde 2004 hasta 2023.

10 Una abundancia de felicidad: el júbilo de sentirse a gusto

Sintoniza con el espíritu de tu casa
y busca luego el caudal de buena esperanza
y de equilibrio.
Deja que las corrientes de energía
vayan ya hacia un lado, ya hacia el otro,
en curvas gráciles y reposadas.

Todas las casas tienen su energía peculiar. Hay casas felices y casas tristes. Las primeras elevan el espíritu y las segundas crean malestar y tensión. No es difícil sintonizar con la calidad de la energía que empapa las habitaciones, las viviendas y otros lugares si sabemos enfocar nuestra mente de manera que capte conscientemente las energías que los habitan.

Esto equivale a desarrollar una sensibilidad para el espíritu de cualquier hogar, y es una facultad que se desarrolla con la práctica. Dedique su atención a todas las sensaciones positivas o negativas que le despierta cualquier espacio, habitación u hogar al recorrerlos. Investigue los antecedentes del lugar a fin de reunir pistas en cuanto a sus cualidades y atributos. Tome nota de cómo están distribuidas las estancias, las unas en relación con las otras. Dibuje mentalmente el plano de los flujos y las corrientes que circulan por la casa. Trata de detectar si ese flujo es tumultuoso, sereno o sencillamente inexistente. Cuente también el número de aberturas, puertas y ventanas, y vea si las energías de la casa tienen renovación. Sepa discriminar los colores y las formas, para ver si armonizan de una manera agradable. Si hay en el lugar algo que le produce una vaga molestia, intente descubrir las causas de ese malestar.

Conectar con las energías de una casa no es cuestión de instinto, ni de intuición. Debo declarar aquí que no creo en el Feng Shui instintivo o intuitivo, o dicho con más exactitud, no creo que semejante cosa exista. De lo contrario, sería imposible transmitir la enseñanza del Feng Shui, puesto que el instinto o la intuición son dones que no se transmiten. La voluntad no puede ordenarle a la intuición que capte o detecte esto o aquello. Opino que todo el mundo puede desarrollar la sensibilidad ante un determinado entorno, pero esa sensibilidad no tiene nada que ver con el instinto ni con la intuición. Es una parte de la conciencia que hemos desarrollado especialmente para que sepa captar el medio ambiente.

Cuando notamos que hay algo que no anda bien, es nuestra conciencia quien dice que no estamos a gusto pero no nos dice la razón de esta sensación de incomodidad. Para detectar lo que está mal y cómo resolver el problema una vez identificado, acudimos a procedimientos específicos para mejorar ese espacio, es decir las técnicas y los conocimientos del Feng Shui.

Por consiguiente, el Feng Shui es un método que diagnostica los defectos de disposición de la estructura física en un espacio dado. Consiste en saber lo que puede hacerse para mejorar las localizaciones, o para mejorar los flujos de la energía. En eso estriba la sustancia del Feng Shui, y el instinto no interviene para nada. Hay maneras correctas y maneras incorrectas de aplicar las recomendaciones del Feng Shui, pero debe establecerse un diagnóstico antes de que sea posible establecer un medio o medios de sanación.

Antes de dar estos pasos, sin embargo, siempre es recomendable investigar los antecedentes históricos de una vivienda. Si la casa o el edificio de pisos es nuevo, y la edificación que se alzaba antes en el mismo lugar fue derribada para hacer sitio a una moderna promoción inmobiliaria, no estaría mal saber lo que existía antes de que el solar se convirtiese en viviendas (o despachos). Los practicantes del Feng Shui siempre investigan el pasado de las casas y los edificios.

Si la utilización anterior del terreno hubiese sido un hospital, por ejemplo, la energía de todo el entorno sería sumamente yin y probablemente también muy triste, en el sentido en que lo son los hospitales donde miles de personas sufrieron y muchas murieron. Esas antiguas energías, acumuladas durante tantos años, van a tardar los mismos o más en disiparse o disolverse, aun empleando técnicas especiales de purificación. Es fácil ver por qué, desde el punto de vista del Feng Shui, no es recomendable ocupar una vivienda construida sobre el terreno de lo que antes fue uno de esos establecimientos.

En el elegante barrio londinense de Kensington existe un bonito bloque de pisos que se alzó sobre las ruinas de un hospital. El resultado de la recalificación es verdaderamente agradable de ver. Sin embargo, me consta que al menos tres familias sufrieron enfermedades graves o pérdidas severas después de pasar a ocupar otros tantos pisos de ese complejo, por otra parte nada baratos.

Y no son los hospitales el único caso que merece nuestra atención. Desconfiemos también de las ubicaciones que hayan servido, por ejemplo, como cárceles con paredones de ejecución, mataderos, comisarías de policía o cualesquiera otras que denoten muerte, sufrimiento o dolor. Esos lugares estarán frecuentados por presencias extrañas y aunque no lo estuviesen, decididamente va a hacer falta una ceremonia muy solemne de purificación para quitar todas esas energías perjudiciales y de mal presagio. Los chinos llamaban a sus monjes y lamas para que bendijesen las energías de sus casas, y me consta que mis amigos católicos y otros cristianos suelen llamar al cura o al reverendo para que bendiga las casas nuevas cuando se inauguran. Usted tal vez querrá hacer algo por el estilo, pero en todo caso es una decisión personal.

Las casas de nueva construcción acarrean las energías remanentes del terreno y de su entorno histórico, lo mismo que las casas usadas acarrean las energías de los ocupantes anteriores. Cuando usted sintoniza con el alma de una casa, tal vez estará captando algo de esas antiguas energías. Si la familia que la ocupó con anterioridad llevó una vida feliz y de buenos augurios, es probable que las energías remanentes sean positivas, y viceversa.

Esto por sí solo naturalmente no garantiza que nuestro Feng Shui vaya a ser bueno o malo. Sólo sirve para comunicarle a usted una sensación de las energías que habitaban ese lugar. El captar dicha sensación no es dato suficiente para ponernos a mejorar el Feng Shui de este ni de ningún otro lugar. Pero contribuye en algo. Las casas empapadas de energías muy tristes o muy felices se distinguen e identifican en seguida, y sabremos sin duda alguna lo que nos cumple hacer. Más difícil se presenta la situación con la amplia gama de posibilidades intermedias. Si no es más que un desequilibrio de las energías, se podrá corregir sin demasiado esfuerzo.

La elección de una nueva casa

Cuando salgamos a buscar casa, procuremos hacerlo por las mañanas, o en cualquier caso, antes de que se ponga el sol. Nunca a última hora de la tarde, ni de noche. Se crearían energías desfavorables y que podrían perjudicar nuestra búsqueda. Los maestros de Feng Shui exhiben a veces conductas maníacas en este punto; los verdaderos entendidos prefieren la primera hora de la mañana, poco después de salir del sol, y algunos maestros de la vieja escuela jamás aceptarían una visita después de mediodía. Otros incluso se niegan a salir si consideran que el día es de mal presagio.

Los menos estrictos (o más comerciales) continúan durante la tarde, pero casi ninguno sigue con la exploración ayudada por la Luo Pan cuando empieza a oscurecer, ya que temen recibir en estas condiciones un Feng Shui de mal auspicio. A quien desee hacer profesión de la consultoría de Feng Shui le conviene conocer estos tabúes especiales mediante los cuales debe protegerse a sí mismo.

Cuando empecemos a sintonizar con el espíritu de una vivienda notaremos que el ambiente refleja en gran medida las energías de sus habitantes. De ahí el efecto multiplicador que siempre tiene el buen Feng Shui, porque las casas ocupadas por triunfadores que tienen éxito y son felices irradian asimismo un ambiente de felicidad. Esta energía positiva, a su vez, atrae otras energías jubilosas que incrementan la buena fortuna. Pero las energías propicias pueden quedar afectadas adversamente.

Los perfiles urbanos cambian, se construyen edificios nuevos, se abren calles y se levantan otras estructuras artificiales que pueden afectar al Feng Shui de nuestra casa... muchas veces en sentido negativo. Así un rascacielos u otra edificación de gran volumen que construyan frente a nuestra vivienda seguramente bloqueará nuestra buena suerte y nos veremos obligados a hacer algo.

Pongamos que alguien se ha comprado una casa en un lugar idílico y de excelente aspecto. De pronto empiezan a brotar alrededor centros comerciales, fábricas, almacenes, depósitos de mercancías y bloques de viviendas. ¿No va a ser necesario permanecer atentos a todos estos cambios y realizar ajustes conforme vayan evidenciándose necesarios, para salvaguardar nuestras orientaciones y nuestras distribuciones de buen auspicio?

El Feng Shui de la casa también puede verse afectado por los árboles cercanos, si éstos adquieren una talla demasiado abrumadora y dominante. Es un problema peculiar de los países tropicales donde la vegetación y los árboles crecen con mucha rapidez. Hay que podar y dar forma a lo que crece a nuestro alrededor, por ejemplo, para impedir que nos quite por completo la luz del sol. Porque en esas condiciones la energía yin empezaría a acumularse y estancarse, amenazando con graves infortunios y enfermedades.

Desarrolle la afinidad hacia la luz del sol, que es fuente de mucha buena fortuna. Es la mejor fuente natural de energía yang. Cuando vemos que el sol entra en nuestra casa los espíritus se animan porque su luz trae el aliento cósmico vital. Y ahora, observe cómo el crecimiento de los árboles va originando sombras que bloquean la luz de la casa. Recuerde que las plantas se mustian cuando no reciben luz solar suficiente. Es que tienen el Feng Shui perjudicado, lo mismo que usted.

Los cambios del Feng Shui

El Feng Shui también puede verse alterado por el simple paso del tiempo. Así puede ocurrir que nuestra casa nos haya ofrecido una suerte excelente y buenas oportunidades durante veinte años, y luego todo empieza a salir mal de repente: pérdida del puesto de trabajo, pérdida de ingresos, enfermedades de los niños, fallecimiento de un ser querido... todo en rápida sucesión. Si ésa es la experiencia de usted y algo le dice en conciencia que está fallando alguna cosa, quizá desee comprobar la dimensión tiempo en el Feng Shui de su vivienda con arreglo a la escuela de las estrellas viajeras.

Se trata de una rama avanzada del Feng Shui que cae fuera de los límites de este libro. Pero cuando hemos realizado todo lo que fuese físicamente posible para mejorar nuestro Feng Shui y las cosas siguen saliendo mal, podemos sospechar que estamos mal aspectados por las estrellas viajeras. O dicho de otro modo, el Feng Shui de las estrellas viajeras se usa como último recurso para investigar los rincones de mal augurio en cualquier período determinado. Si no conoce este sistema pero sospecha que podría radicar ahí la causa, limítese a cambiar de lugar los muebles y vea si se nota alguna diferencia. En caso afirmativo, es probable que la ubicación de las piezas más importantes (como las camas, los escritorios y la mesa del comedor) estuviese afectada por el paso de estrellas viajeras adversas.

Yo tengo la costumbre de cambiar la distribución de mis muebles al menos una vez cada 18 meses, para crear nuevos caminos a las pautas de energía de mi hogar. Eso nunca deja de estimular el chi cósmico favorable. Es también una manera de garantizar que las energías no se estanquen ni se vicien. Cada vez que muevo los muebles, identifico una pieza antigua, un cuadro u otro objeto decorativo que prefiero regalar y luego lo sustituyo por otro espécimen nuevo. A decir verdad, muchas veces una nueva compra suministra el pretexto para esa mudanza de muebles. A mí me parece que el añadir algo nuevo nunca deja de refrescar la energía de una habitación y, por extensión, la de la casa.

Ese hábito me ha convencido de que hay mil maneras de disponer y combinar los muebles, las formas y los objetos en una habitación, y que siga teniendo buen Feng Shui. He descubierto que mientras siga atendiendo a los preceptos fundamentales de esa antigua ciencia y no intente apartarme de sus recomendaciones básicas, seguiré gozando de un buen Feng Shui, y que ello no quita la originalidad ni la imaginación, siempre y cuando el espíritu de la casa siga siendo fundamentalmente auspicioso y continúe fluyendo con libertad el chi favorable.

*C*ómo captar la armonía de la distribución espacial

En el rompecabezas del Feng Shui, quizá la pieza más vital es la manera en que la energía fluye a través de cualquier estancia. Cuando existe la armonía espacial, la energía deriva, serpentea, lo cual es de buen auspicio, pasando sin esfuerzo de una habitación a otra y de rincón en rincón. Los elementos de cada rincón combinan amistosamente con los demás. No hay detalles chocantes, ni colisión de energías. Cuando se consigue este tipo de flujo, el hogar disfruta la abundancia del bienestar. Se nota un aire de benevolencia sosegada en el ambiente. Nadie habla a gritos, y todos los habitantes de la casa se tratan con amabilidad. Este nivel de excelencia en Feng Shui no se consigue fácilmente, pero es el objetivo al que debemos apuntar.

Para empezar, las habitaciones no deben estar abarrotadas de muebles ni excesivamente decoradas. Conviene que predomine la sensación de espacio libre, que sea posible moverse con soltura. Se evitarán las esquinas y los cantos afilados, y los techos tendrán una altura prudencial, ni demasiado altos ni demasiado bajos, adornados con molduras de buen gusto y procurando ocultar o decorar los detalles estructurales como las vigas y los pilares. Que las cortinas no transmitan una sensación sofocante por su textura o su color. Podemos tener plantas ornamentales pero sin exagerar. Los cuadros de las paredes deben ser discretos, evitando crear notas discordantes.

Al distribuir los muebles se evitará dejarlos demasiado salientes. Los cantos amenazarán nuestras caderas y nuestras costillas. Deben estar en proporción con las dimensiones de las estancias y los hechos a medida e incluso empotrados son mejor Feng Shui que los aislados en medio de la habitación. En las salas de estar se escogerán las disposiciones simétricas que formen cuadrado o rectángulo, evitando las distribuciones en forma de «L» o de «U». Decididamente hay que prescindir de colocaciones y diseños asimétricos porque no son de buen augurio.

El piso de nivel único siempre es mejor Feng Shui que la división espacial mediante distintos niveles. Los altillos rara vez suponen un buen Feng Shui, porque dividen el flujo de la energía.

Las escaleras

Se les debe prestar siempre una gran atención. Trataremos de tener la escalera a un lado de la casa, no en el centro. Las que forman una curva favorecen más el flujo del Feng Shui, pero las de caracol son verdaderamente problemáticas (véase la página 144). Si tenemos una casa de más de dos plantas, es mejor que la escalera no atraviese desde la planta baja hasta el ático, sobre todo si es curvada o circular. Cuando los tramos ascendentes y descendentes de escalera están contiguos, el flujo de energía resulta seriamente perjudicado, porque el chi que entra por la puerta principal no consigue decidir si debe subir o bajar.

En la distribución de la casa tendremos buen cuidado de que el paso de los habitantes (y por consiguiente, el flujo del chi) discurra en forma ondulante, es decir que la situación de las puertas y pasillos evite las alineaciones rectas, lo cual produciría una aceleración letal de la energía. En su caso, cabe establecer divisorias artificiales, biombos, jardineras con plantas u otros objetos ornamentales, que rompan esa línea recta. Por ejemplo, si tenemos tres puertas alineadas, colocamos un biombo o una mampara frente a la segunda puerta obligando a que se circule rodeándolo. Esta medida restaura inmediatamente el Feng Shui del espacio.

También es buena idea evitar que el flujo deba describir giros de 90 grados. Tales acrobacias son casi tan perjudiciales como la línea recta. Si hay giros, que sean redondeados y no bruscos, y lo mismo rige para la distribución del mobiliario. Si consigue usted implantar estas normas esenciales del Feng Shui se le facilitará mucho la tarea de potenciar a favor de otros tipos de abundancia. El buen Feng Shui de una estancia o de un rincón se transmite suavemente al siguiente.

*F*luir con las energías de buen auspicio

Con las disposiciones correctas y el establecimiento de una circulación sosegada de las energías dentro de la casa, ese ambiente feliz y amable que satura el espacio no dejará de influir sobre los habitantes de una manera positiva. Lo más fácil para ellos será dejarse llevar por el ambiente imperante, y tendrán una vida de prosperidad y bienestar.

Los ánimos no llegarán a caldearse nunca. Las dificultades y los problemas que traemos de nuestro puesto de trabajo a casa, una vez en ésta dejarán de parecernos tan graves ni tan urgentes. Los miembros de la familia se comportarán con más paciencia y afecto, y el ambiente general será agradable. Es entonces cuando el hogar se convierte en el verdadero remanso de paz que le ayudará a vencer las dificultades de la vida, como las que podrían desprenderse de un mal Feng Shui en la oficina u otro lugar de trabajo.

Muchas personas me han confesado que cuando visitan mi casa se sienten más relajadas y contentas. Y eso que mi vivienda no es nada del otro mundo en cuanto a elegancia ni diseño. No es más que un hogar típico de clase media, aunque contiene muchos activadores y potenciadores típicos del Feng Shui, y se exponen muchos símbolos de la buena fortuna. Al fin y al cabo, el Feng Shui ha sido la pasión de toda mi vida. A lo mejor mis visitantes se sienten a gusto gracias a esos detalles de Feng Shui.

Tal vez sea el estanque que está a la izquierda de mis dos puertas principales, y aquí cumple aclarar que tengo dos puertas principales para armonizar con las orientaciones más favorables para mi marido y para mí. Dicho estanque lo tengo lleno de carpas japonesas alegres, robustas y agradables de ver. El rumor de sus aguas es sedante y relajante. Los peces nadan activamente de un lado a otro y el filtro del agua funciona durante las 24 horas, creando una provisión incesante de energía yang.

Quizá se deba a mis hermosas plantas. Me gusta la jardinería y dedico mucho tiempo a mis distintas variedades de orquídeas y otras plantas tropicales. El clima tropical me facilita la ventilación frecuente de la casa, y además puedo llenarla de plantas vivas que suavizan todos los cantos y rincones. El elemento madera introduce, además, su simbolismo de crecimiento.

También es posible que les agraden las vistas que se disfrutan desde mis salas, pues no he escatimado esfuerzos para conseguir que todas miren hacia bellos paisajes y vegetación bien cuidada. Son ventanas de perfil bajo, no amenazante, anchas y que dejan entrar mucha claridad natural. En los días veraniegos, cuando el sol luce demasiado fuerte, varias bolas de cristal tallado estratégicamente dispuestas refractan esa luz y crean asombrosas irisaciones en el interior de la casa. Algo realmente digno de verse.

Quizás el efecto sea debido al empleo de los espejos en el comedor para crear una sensación de altura y amplitud. Mi casa parece más grande de lo que es en realidad, y así se obtiene una impresión de espaciosidad y soltura. Los espejos del comedor llevan al interior de éste el panorama exterior del jardín. Reflejan los macizos de flores y al mismo tiempo multiplican por dos el esplendor de la mesa puesta.

Puede ser también consecuencia de mis exquisitos centros de mesa de cristal, diseñados con arreglo a todos los preceptos del Feng Shui y decorados con figuras de peces. Cuando siento invitados a mi mesa, todos quedan encantados al ver mi arrowana y mi carpa de cristal. Muchos creen que son cristales de Lalique, pero eso sería demasiado caro para mí. Sobre el tablero de la mesa se encuentran tres peces de colores hechos de alpaca, que vienen a sugerir una gran fortuna para los tres miembros de mi familia, mi esposo, nuestra hija y yo. La familia que come unida y disfruta haciéndolo permanece unida y en un ambiente de alegría. Además ese comedor está ubicado en el centro de la casa y es el punto focal del flujo de energías, ¡cómo no iba a disfrutar de un buen Feng Shui!

En realidad, me parece que todo contribuye. Estas y otras características Feng Shui de mi casa están vinculadas por un flujo invisible de energía que circula a través de toda ella pausadamente y con gracia. He descrito el efecto del flujo en vez de explicar con minuciosidad de qué manera se encadena cada rasgo con el siguiente. De esta manera, el lector o lectora queda en libertad de aplicar sus propias interpretaciones y obtendrá ese flujo y esas corrientes con arreglo a las dimensiones y la distribución del espacio de que dispone. No crea que se trata de un ejercicio fácil. Casi todas las viviendas presentan algún que otro género de dificultad.

Para cada una de las recomendaciones que encuentre usted en cualquier tratado de Feng Shui, existirá en su espacio personal algún detalle que constituirá impedimento. Hay que poner a funcionar el ingenio para adaptar los consejos y las sugerencias que habrá encontrado en este libro. Por lo general no será posible implantarlas todas al mismo tiempo, y además tampoco es necesario. En Feng Shui, si se logra realizar correctamente la condición principal, como puede ser el flujo de las energías a través de la casa, será suficiente para disfrutar de una buena fortuna extraordinaria.

Cómo disolver el aliento maléfico y estancado

Para sentirse completamente a gusto en la vivienda, tendrá que vigilar permanentemente las rendijas y los rincones donde se acumula y estanca el chi. Esto sucede con más facilidad en los lugares menos frecuentados: los rincones oscuros, los armarios donde se guardan los enseres, los cuartos de los trastos. Éstos son los lugares donde la energía se estanca, se vicia y se malea.

El aliento estancado hay que despejarlo. Los rincones oscuros de los armarios, ventilarlos, limpiarlos e incluso darles una mano de pintura. Los cuartos traseros, airearlos de vez en cuando. Abriremos con regularidad puertas y ventanas para dejar que entren el aire y el sol. De esta manera los espacios se llenarán de energía nueva, fresca y vibrante. Si vivimos en un barrio urbano o una región donde haya mucha contaminación, por supuesto las energías que entren no serán tan puras, pero siempre es mejor que vivir en un ambiente estancado con un chi corrompido.

Los despachos y locales cerrados con recirculación de aire acondicionado son verdaderos depósitos de energía estancada. Deberían ventilarse de manera natural por lo menos una vez al mes.

Técnicas especiales

Tenemos técnicas especiales para purificar las energías del hogar, aunque ese tema se sale del alcance del presente libro. Conviene saber, no obstante, que la tradición china del Feng Shui nunca ha dejado de prever la ventilación de la casa para expulsar las energías estancadas.

También se puede recurrir al empleo del incenso a fin de purificar las puertas y las ventanas. Se trata en este caso de un incienso especial hecho de plantas medicinales que se recogen en el monte, donde la energía es pura y limpia. Cuanto más altas las montañas de donde son oriundas esas plantas, mejor. En los tratados de la antigua China se mencionan fórmulas secretas de inciensos fabricados en regiones apartadas, paraísos legendarios habitados sólo por los dioses y por ciertos santones. Para mi casa, yo utilizo un incienso especial que fabrican para mí con hierbas de la región de Solu Khumbo, que es una de las comarcas más sagradas del Himalaya.

Los rincones oscuros de la casa donde se estancan las energías pueden purificarse completamente gracias a la magia de los sonidos que emiten ciertas campanillas especiales y otros objetos. También podemos vocalizar algunos mantras de purificación mientras hacemos la limpieza de las energías estancadas y corrompidas.

Estimulantes simbólicos para sentirse a gusto

Los más fácilmente obtenibles son los carillones, las plantas y los cristales. Ubicados correctamente, estos objetos crean una maravillosa sensación de bienestar. En este libro he dado numerosas recomendaciones y consejo acerca de su empleo. Es buena idea utilizarlos en las estancias de uso común, como la sala de estar y el comedor, para verlos todos los días en el momento de entrar en nuestra casa.

Exponer obras artísticas que alegren el ánimo

Si desea sentirse feliz, optimista y lleno o llena de actividad en su casa, se desaconseja colgar imágenes que representen ancianos y ancianas. Por bien pintados o bien fotografiados que estén, y por mucho carácter que vea usted en esos semblantes, los retratos de hombres o mujeres con las caras arrugadas y afligidas por la edad, sencillamente, no son buen Feng Shui.

Otra cosa que me sorprende es la moderna afición a colgar rostros distorsionados y feos. O reproducciones de los Picasso de la época azul, representando mujeres entristecidas, angustiadas y desesperadas. A mí jamás se me ocurriría. Obvio es decir que no hacen hogares felices, y sin embargo recuerdo ahora mismo hasta tres ejemplos de conocidos míos que los tenían. En los tres casos, las familias se rompieron y las consecuencias para las esposas fueron muy desgraciadas.

Las imágenes de fieras también atraen las energías hostiles. Nada se les ha perdido en nuestra casa a los tigres, los leones, los leopardos, las panteras y demás por el estilo. Son fieros, amenazadores y peligrosos, y las energías que crean no ayudan a sentirse a gusto en la casa.

Los mejores cuadros, a decir verdad, son los de paisaje. En los hogares de los chinos acomodados veremos siempre bellas escenas de montaña con cascadas y ríos de aguas claras. Estas pinturas tienen por lo general un significado Feng Shui, y siempre las hallaremos colgadas en lugares estratégicos para que favorezcan a la familia. Los paisajes de montaña, pongamos por caso, los encontraremos colgados detrás del sillón del patriarca, que además será el más ricamente ornamentado, significando respaldo y protección.

De manera similar, los cuadros que representan símbolos de la buena fortuna, como jarrones con flores y cestas de frutas, deben figurar en lugar destacado de la lista de los objetos que usted querrá procurarse para su casa. Los melocotones tienen mucha aceptación como símbolo de una buena salud de hierro, que promete una gran longevidad. Las peonías simbolizan el matrimonio feliz y el amor.

La tercera categoría de imágenes de buena suerte son las estampas y pinturas religiosas. Los retratos de las deidades, los cuadros con citas de la Biblia, del Corán o de cualquier otra escritura sagrada, son considerados por los creyentes como objetos venerables y que además atraen sobre el hogar bendiciones preciosas. No importa cuál sea la religión que usted practica, si introduce una imagen religiosa en su casa y la trata con respeto, ella surtirá efectos de muy excelente Feng Shui.

En mi hogar tengo colgadas muchas imágenes *thangka*, que son budas pintados, y no dudo en absoluto que contribuyen al ambiente de sosiego que observan tantos visitantes. Pero además, todas las religiones tienen además de imágenes sus mantras o sus oraciones especiales. Éstas sirven también como símbolo de buena fortuna y recomiendo encarecidamente su presencia en la casa.

*D*edicatorias que consolidan la buena fortuna

Cuando nos dispongamos a crear un buen Feng Shui en nuestra casa, hagámoslo por buenas razones. Intente producir un buen Feng Shui para sí mismo o sí misma pero sin perjudicar el del vecino. No utilice objetos hostiles capaces de afligir una vivienda contigua o enfrentada. Es preferible utilizar plantas para ocultar lo que nos ofende, o un espejo cóncavo que absorbe los rasgos perjudiciales sin devolverlos.

Entonces, y una vez haya introducido todos los cambios de Feng Shui, pronuncie una dedicatoria silenciosa haciendo constar que ha creado un buen Feng Shui en beneficio de las personas que constituyen su familia, e incluso de todo el vecindario. Mencione todas las aspiraciones y los distintos tipos de buena suerte que ha tratado de crear para todos ellos. Al enunciar de este modo sus aspiraciones, viene a sellar y consolidar el buen Feng Shui de la vivienda. Repita esta recapitulación mental cada vez que introduzca una innovación en su casa.

Conozca a Lillian Too...

Sus credenciales hablan por ella

*L*illian Too fue la primera mujer asiática que alcanzó el cargo de Directo-ra General de un banco, el Grindlays Dao Heng Bank de Hongkong. En Malasia, de donde es oriunda, Lillian Too fue descrita por la *Malaysian Business*, la principal revista de economía del país, como «una especie de leyen-da en los círculos corporativos, al haber sido la primera mujer directora ge-neral de una empresa cotizada en Bolsa».

Lillian tiene el máster en administración de empresas de la Harvard Bu-siness School de Boston (Estados Unidos). También ha sido descrita dicien-do «vale por todo un equipo» en *Success*, una de las principales revistas del país, y la internacional *Vogue* ha dicho de ella que «es una persona que sabe hacerse escuchar».

Pero Lillian no se ha limitado a triunfar en el mundo empresarial. Des-pués de ganar dinero como para no tener que volver a trabajar en la vida, a comienzos de los años noventa abandonó la actividad profesional para dedi-carse en exclusiva a su misión de madre. Entonces fue cuando se lanzó a una nueva carrera como escritora. Hasta la fecha tiene escritos 21 best-séllers, de los cuales 19 tratan su tema favorito, el Feng Shui, del que asegura fue res-ponsable en gran parte de su buena fortuna cuando trabajaba en el mundo de los negocios. Sus libros sobre Feng Shui han sido traducidos a 15 idiomas.

En 1997 el éxito fenomenal, a escala mundial, de su libro *Guía completa ilustrada del Feng Shui*,* publicado en numerosos países, causó gran impresión en el comercio librero, sector de no-ficción. Lanzado en octubre de 1996, este título entró en las listas de los más vendidos de varios países, incluyendo la del *Times* británico, y ocupó durante el verano de 1997 la primera posición en la lista norteamericana de la gran distribuidora librera Barnes & Noble.

---

* Publicado por esta misma editorial. *(N. del E.)*

Entre sus éxitos más recientes se cuentan el lanzamiento de su *Feng Shui Kit* y la colección *Feng Shui Fundamentals*, que consta de nueve manuales breves en los que se enseña a utilizar el Feng Shui para promover el amor, la riqueza, la profesión, la salud, los hijos, las relaciones, el prestigio y la instrucción. En la primavera de 1998 Rider Books, un sello de Random House, publicó *Feng Shui esencial*,[*] con notable éxito. Lillian Too está casada y tiene una hija.

---

[*] Publicado por esta misma editorial. *(N. del E.)*

El proyecto Maitreya

*L*illian Too también es la Directora Ejecutiva de Maitreya Project International, la organización que está construyendo la que será la estatua de Buda más grande del mundo, a saber, la del futuro Buda Maitreya de Bodhgaya, en la India. Es un placer para Lillian el dedicar su tiempo y su entusiasmo a tan maravilloso proyecto. Como ella dice, «aquellos de nosotros que hemos tenido la fortuna de colaborar en el proyecto Maitreya bajo la dirección espiritual del venerabilísimo y preciosísimo Lama Zopa Rinpoché teníamos presente desde el primer momento la enormidad de la tarea a que nos enfrentábamos. Muchas veces nos hemos sentido abrumados por las dimensiones y el alcance de lo emprendido, pero está siendo una empresa cada vez más exaltante e inspiradora.

»Quiero compartir la emoción y la alegría de participar en ese estupendo proyecto Dharma. La construcción de un objeto sagrado tan grande, y en lugar santo tan reverenciado como Bodhgaya en la India, donde el Buda Sakyamuni recibió la Iluminación, supone un mérito inconcebible y acarreará beneficios espirituales grandísimos a las generaciones futuras, aunque su culminación con éxito, prevista para el año 2008, va a requerir mucha ayuda, apoyo y colaboración activa por parte de muchos miles de personas.

»Necesitamos ayuda. Necesitamos asesoramiento técnico. Necesitamos gente que aporte tiempo y dedicación. Actualmente nos hallamos en la fase final de desarrollo del prototipo, utilizando las más avanzadas técnicas norteamericanas de cálculo computarizado y escaneado para simular una gran variedad de condiciones meteorológicas, para identificar los materiales más idóneos y para determinar la mejor manera de construir la estatua, a fin de garantizar la duración planteada en mil años.

»Cuando esté concluido, el Buda Maitreya se elevará a 150 metros de altura hacia los cielos azules de Bodhgaya, que viene a ser como el triple de la Estatua de la Libertad. Estará rodeado de un complejo ajardinado con monasterios. Tendrá una escuela y un hospital al servicio de las poblaciones circundantes, ya que ésa es una de las regiones más pobres del mundo. Pero sobre todo, el Maitreya será un símbolo radiante de caridad para el próximo milenio.»

Si quiere saber más acerca de este proyecto, le invitamos a visitar el sitio web de Maitreya en:

www.maitreya–statue.org

El sitio web de Lillian Too

*B*ienvenidos al mundo Feng Shui de Lillian Too en la Red mundial. Visitad su sitio web en la dirección www.lillian-too.com y enviadle un e-mail si queréis solicitar una aclaración sobre cualquier aspecto de la práctica Feng Shui. La dirección de correo electrónico disponible para los lectores de este libro es abundance@lillian-too.com. Lillian también mantiene un nuevo sitio web en www.worldoffengshui.com que pueden explorar quienes deseen noticias de los últimos desarrollos en materia de Feng Shui y comentarios de libros.